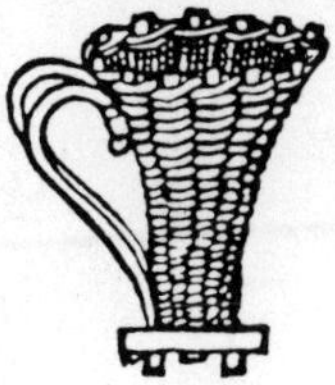

Das Ende

Das Ende

Autoren aus 9 Ländern erinnern sich an die letzten Tage des Zweiten Weltkriegs

Kiepenheuer & Witsch

Schutzumschlag Hannes Jähn, Köln
Satz Compusatz GmbH, München
Druck- und Bindearbeiten Freiburger Graphische Betriebe
ISBN 3 462 01729 2

Inhalt

Heinrich Böll

Brief an meine Söhne oder vier Fahrräder

Euren beiden verstorbenen Brüdern,
Christoph und Raimund,
zum Gedenken

Lieber René, lieber Vincent,

wenn Ihr in dem, was ich hier schreibe, auch nur den geringsten Ansatz von Überlebens- oder Wiederaufbauheroismus entdeckt oder herauszuhören glaubt, streicht es, lacht darüber, kommentiert es ironisch oder auch böse und bitter, glaubt mir, ich habe nicht die Absicht, in den Grundtenor der älteren Generation zu verfallen, die darauf aus ist, der Jugend klar zu machen, wie schwer »wir« es gehabt haben – und wie leicht sie es doch hat und gehabt hat. Ach, diese fröhlichen »Ärmelaufkrempler«, sie krempeln noch immer und immer wieder, auch im Augenblick – ich schreibe das zwischen dem 8. und 13. Mai 1984, während das berüchtigte Amnestiegesetz von den ganz besonders Ausgekochten (einer schrie vor ein paar Tagen in Stuttgart »Geld, Geld, Geld«, und man konnte das »Geld her!« gut heraushören) durchgepaukt werden soll – während also die ganz Ausgekochten gerade dabei sind, die Bundesrepublik erheblich umzukrempeln.
Nein, nein, Ihr habt's nicht leichter als wir; laßt Euch das nicht einreden. Den letzten Krieg konnte man ja noch überleben, und das will ich Euch zu schildern versuchen: wie wir das *Kriegsende* erlebt haben. »Erzählen« ist eine gefährliche Tätigkeit, im »Erzähler« verbirgt sich immer der Bramarbaseur, der Angeber, der ja doch, genau betrachtet, immer ein Held ist oder doch wenigstens ein Dulder. Auch die Odyssee ist voller Bramarbas, Angabe, und was ich Euch schildern will, ist eine kleine Odyssee. »Erzählt« vom Krieg habe ich

genug, Ihr könnt es nachlesen, auch das, was ich als Autobiographisches gekennzeichnet habe; einiges davon kommt mir heute ziemlich gestelzt, sehr »literarisch« vor; lest es mit Nachsicht, und wenn Ihr darin – wie auch in diesem hier – feststellt, daß sich da Klage hineingemischt hat, dann sollte es nur Klage sein über das Deutsche Reich, seine Führer und seine Bewohner, nie über eine der Siegermächte, also auch nicht über die Sowjetunion. Übrigens hätte ich nicht den geringsten Grund, gegen die Sowjetunion Klage zu erheben. Daß ich dort einige Male krank, auch verletzt wurde, liegt in der »Natur der Sache«, die da Krieg heißt, und es war mir immer klar: *eingeladen* waren wir dorthin nicht. Im Krieg wird eben auf einen geschossen, es gab auch Stalinorgeln und ähnliches; man ißt und trinkt auch gelegentlich unkontrollierte Materie, notfalls, wenn der Durst einen verrückt zu machen droht (*eine Erfahrung* will ich Euch nicht vorenthalten: Durst ist schlimmer als Hunger!), trinkt man auch aus Pfützen, vergißt alle Warnungen vor Bakterien, Mikroben etc. Daß ich nicht scharf darauf war, in sowjetische Gefangenschaft zu geraten, könnt Ihr daraus ersehen, daß ich mich ab Herbst 1944 »westwärts« hielt, obwohl man mich gerne wieder »ostwärts« geschickt hätte. Ich half dabei ein wenig nach. Soldaten – und ich war einer – sollten ohnehin nie über die klagen, gegen die sie sich in den Krieg haben schicken lassen, nur über die, von denen sie sich haben in den Krieg schicken lassen. Seit Jahren habe ich eine kleine Arbeit im Sinn, zu der ich noch nicht die Zeit gefunden habe: »Der Soldat im Märchen«, auch in den Grimmschen Märchen. Da kommen Könige und Kaiser, irgendwelche »Oberbefehlshaber« nie gut weg. In allen Märchen wird ihre Schnödigkeit betont. In diesem Punkt sind die Märchen weitaus realistischer als die meisten Kriegsromane, wo die Schnödigkeit irgendwelcher »Oberbefehlshaber« meistens unberücksichtigt bleibt, fast immer der »Feind« – wessen Feind? – im Vordergrund steht. Wenn ich also später hier

notwendigerweise auf Kriegsgefangenschaft kommen muß, achtet darauf, daß ich nicht über die US- und die britische Armee klage. Ich hatte nach dem Krieg, nach diesem Krieg, das Schlimmste erwartet: jahrzehntelange Zwangsarbeit in Sibirien oder anderswo; und es kam dann nicht einmal schlimm, nur halb so schlimm, wenn Ihr bedenkt, welche Verwüstungen durch den Krieg entstanden waren, und außerdem die Tatsache bedenkt, daß ohne die Deutsche Wehrmacht, deren Angehöriger ich war, kein einziges Konzentrationslager auch nur ein Jahr hätte bestehen können. Wissen solltet Ihr auch, daß die Sterblichkeitsquote in deutschen Lagern für sowjetische Kriegsgefangene 57,8% betrug – das bedeutet drei Millionen dreihunderttausend tote *Kriegsgefangene;* die Sterblichkeitsquote bei deutschen Kriegsgefangenen in der Sowjetunion betrug zwischen 35,2 und 37,4% – das bedeutet zwischen einer Million einhunderttausend und einer Million einhundertfünfundachtzigtausend. Im Ersten Weltkrieg betrug die Sterblichkeitsquote bei russischen Kriegsgefangenen in Deutschland 5,4% und lag auch damals schon höher als bei den übrigen Kriegsgefangenen, für die sie 3,5% betrug. Die Sterblichkeitsquote für sowjetische Gefangene lag im Zweiten Weltkrieg mehr als *zehnmal* höher. Fällt Euch etwas auf? Auch das war *Vernichtung*, die Hauptbeschäftigung der Nazis. Die *Vernichtung* der Sowjetunion ist ihnen dann doch nicht ganz gelungen, es gab noch Überlebende und ein paar Häuser, in denen sie leben konnten. Ebenfalls nicht gelungen ist den Nazis die *Vernichtung* Deutschlands, wo es auch noch ein paar Überlebende und ein paar Häuser für sie gab.
Wie überlebt man *Vernichtung* und *Chaos* in einer Umgebung, in der jeder ein Denunziant sein konnte, zum Glück aber nicht jeder einer war? Lest Berichte, Statistiken, Dokumentationen über die Sowjetunion und die Kriegsfolgen, alles, was ich hier nicht aufzählen kann. Von den mehr als fünf Millionen getöteten Polen waren 9/10 Zivilisten, in Jugosla-

wien war das Verhältnis Zivilisten Soldaten 3:1. Verachtet die Statistiken nicht, mögen sie auch gelegentlich ungenau oder nur »ungefähr« sein – wer könnte schon alle, alle Toten zählen und aufzählen.

Zahlen bekommen, wenn man ihre Proportionen erkennt, eine verblüffende *Bildlichkeit. Eine* Zahl will ich noch nennen: Von den geschätzten 55 Millionen Toten in Europa waren 40% Bürger der Sowjetunion.

Wo soll ich anfangen, wenn ich Euch möglichst nicht »erzählen«, sondern nur berichten will, wie wir das *Kriegsende* er*lebten?* Am besten fange ich doch mit dem Tod meiner Mutter an, die am 3. November 1944 in Ahrweiler starb, während ich in Bad Neuenahr im Lazarett lag. Lazarett? Keine Bange, ich war weder krank noch verletzt, war kurz vorher aus einem Ahrweiler Lazarett nach Dresden verlegt, dort entlassen, nach Ahrweiler zurückgeschickt worden, und nach Ablauf meines Urlaubs hatte ich, um wieder lazarettreif zu werden, wieder mal ein wenig nachgeholfen, mit Mitteln, die ich einem noch lebenden Kölner Arzt verdankte. Nach der Beerdigung meiner Mutter verließen wir, wahrscheinlich so um den 7. oder 8. November herum, das Hotel in Ahrweiler; wahrscheinlich hat der Tod meiner Mutter uns das Leben gerettet. Wenige Tage nach unserem »Umzug« wurde das Hotel durch einen Bombenvolltreffer total zerstört. »Umzug?« Nein, ich will nicht versuchen, den zu beschreiben. Es wäre ein Abenteuerroman, und der Abenteuerromane sind genug geschrieben. Wichtig ist nur: Der Fahrer des Lastwagens ist uns als »Heiliger« in Erinnerung: geduldig, sanft, freundlich. Wir quartierten uns etwas gewaltsam, wenn auch eingeladen, bei Maria, Alois, Marie-Theres, Franz und Gilbert in Marienfeld ein, dort, wo Euer kleiner Bruder Christoph begraben liegt. Die Begrüßung in unserer neuen Heimat war zeitgemäß: im Nachbardorf fielen die ersten Bomben seit Kriegsbeginn. Nichts über die Wohnverhältnisse und die

Versorgung. Das ist oft genug beschrieben worden. In einem Behelfsheim sechs Erwachsene und drei Kinder. Mein Vater war schon fast 75 Jahre alt und rauchte immer noch gerne Zigarren. Unsere einzige sichere Tabaksquelle war ein polnischer Kriegsgefangener, der im Nachbarhaus in einer Schreinerei arbeitete. Er hieß Toni und war in Kleidung und Auftreten ganz Herr.

Wir hatten nur einen einzigen Wunsch, den, der schon den Alten Fritz zur Weißglut gebracht hat: Wir wollten leben, wenn auch nicht gerade ewig, aber dann doch bitte noch eine Weile, leben wollten wir ohne die Nazipest.

Wieviele Romane wären fällig, um die Zeit zwischen dem 3. November 1944 und April 1945 zu beschreiben? Bedenkt, daß der Reichsinnenminister Himmler hieß und daß Himmler auch nach dem 20. Juli Oberbefehlshaber des Ersatzheeres war, *mein, unser* Oberbefehlshaber. Der innenpolitische Terror zwischen dem 20. Juli und Kriegsende ist noch nicht beschrieben, *dokumentiert* müßte er sein, wahrscheinlich in einer Publikation des Instituts für Zeitgeschichte; Ihr findet das alles in meiner Bibliothek.

Wir hatten nicht nur den frivolen Wunsch, diesen Terror zu überleben, wir hatten auch Hunger; neun, zeitweise zehn, elf Personen waren zu versorgen. Fragt Annemarie, Eure Mutter, fragt sie bei Gelegenheit gründlich aus: Sie strickte Handschuhe, die in jeder »Boutique« Entzücken hervorrufen würden, und bekam einen halben Eimer Kartoffeln dafür, von denen einige schon anfingen zu verfaulen. Der Winter war kalt wie alle Kriegswinter. Warum haben wir *alle* Kriegswinter als *kalt* in Erinnerung? Ich weiß nicht, wie die objektive meteorologische Auskunft lauten würde. Was blieb anderes übrig, als zu betteln und zu stehlen? Das Stehlen bezieht sich lediglich auf Brennholz, das in einem kleinen benachbarten Wäldchen von den Frauen gefällt werden mußte, bei kniehohem Schnee, unter der strengen Anweisung Eures Großvaters, der es später auf dem Küchentisch in einem von neun Personen bewohnten Behelfsheim fachmännisch zersägte, nachdem er – ebenso fachmännisch – die Säge geschärft hatte. Kennt Ihr das Geräusch, das entsteht, wenn mit einer Sägefeile Zahn um Zahn einer Säge geschärft wird? Das Holz aus dem Wäldchen war naß, Papier knapp; wie konnte Euer Großvater, der sich das nicht nehmen ließ, das Feuer entfachen? Nun, unser Behelfsheim war das ehemalige »Pfarrsälchen«, nur von der Straße aus mit einer Leiter erreichbar, auf dessen Speicher die Pfähle und Pfosten lagerten, die bei Fronleichnams- und anderen Prozessionen zum Aufhängen von Transparenten dienen. Das Holz war trocken, der Umfang der Pfosten ideal. Wir nannten sie »Seelenhirten«, in Erinnerung daran, daß eins der Transparente bei Fronleichnamsprozessionen »Heil unserem Seelenhirten« hieß. Gelegentlich mußte bei Dunkelheit ein »Seelenhirte« heimlich vom Speicher geholt, ofengerecht zersägt und gespalten werden, und wir fragten uns oft, ob die »Seelenhirten« bis Kriegsende langen würden (später, im Kriegsgefangenenlager, als Fronleichnam nahte, machte ich mir Gedanken, was wohl passieren würde, wenn die Dorfbewohner feststellten, daß ihre »Seelenhirten« fehlten!). Aber auch mit trockenem Seelenhirtenholz und ein wenig Papier kann man keinen Ofen anmachen; man braucht Streichhölzer oder ein Feuerzeug, und beides hatten wir nicht. Und so stand Euer Großvater meistens an dunklen Wintermorgen ab 6 Uhr vor der Haustür und wartete auf jemanden, an dessen Feuerzeug er seinen Fidibus entzünden konnte; er fluchte ohnehin über die Bauern, die für sein Gefühl zu spät aufstanden; er war es sein Leben lang gewohnt, zwischen 5 ½ und 6 aufzustehen – und in die Messe zu gehen.

Euer Onkel Alois, ein ganz früher »Sponti«, hatte die verständliche, aber auch gefährliche Neigung, sich immer wieder unerlaubt von der Truppe zu entfernen, was ohne weiteres

auch als Fahnenflucht hätte ausgelegt werden können. Offiziell tat er »Dienst« – d.h.: nichts – in der Hacketäuer Kaserne in Köln-Mülheim unseligen Angedenkens (auch für mich unseligen Angedenkens). Er lieh oder besorgte sich ein Fahrrad und kam »einfach«, meist schweißgebadet und erschöpft, über Much bis Marienfeld geradelt. So hatten wir einige Male Besuch von der Feldgendarmerie (»Kettenhunde« genannt). Die Feldgendarmerie – das war lebensgefährlich, nicht nur für Alois, den sie an der nächsten Ecke hätten erschießen oder an den nächsten Baum hängen können, ich hatte auch Grund, den Besuch dieser Herren zu fürchten, weil ich mit dem Fälschen meiner Papiere nicht immer nachkam bzw. nicht immer up to date war. Einmal rettete ich mich in den Spind, die Besenkammer, die die Kettenhunde zum Glück nicht betraten. Außerdem waren die drei kleinen Kinder Tarnung und Ablenkung. Zum Glück glichen wir Brüder uns, so daß die Nachbarn nie ganz genau wußten, ob sich da einer herumtrieb oder zwei sich herumtrieben. Bei Tageslicht konnten wir uns deshalb auch nicht am Holzfällen beteiligen.
Hier muß des Bauern Johann Peters aus Berzbach bei Much gedacht werden, der uns nicht nur täglich(!) um zwei wertlose Nazikriegsmark zwei Liter(!) Milch gab, der auch, beinamputiert aus dem Ersten Weltkrieg, katholisch, anarchistisch, zwei deutsche Deserteure an seinem Ofen beherbergte, ihnen manche Pfeife Tabak stiftete, die weitaus mehr wert war als zwei Nazikriegsmark. Oh, ihr Milchsuppen des Winters 44/45, vielleicht verdanken wir euch, verdanken wir dem Bauern Johann Peters unser Leben! Zwei Liter Milch täglich in einem Kriegswinter. Die abendliche Milchsuppe war die einzige sichere Mahlzeit. Das Milchholen bei Tageslicht wurde lebensgefährlich – einige Male konnte Annemarie sich mit Marie-Theres nur durch einen Sprung in den Straßengraben vor den Tieffliegern retten.
Angst und Hunger, Hunger und Angst vor den Deutschen.

Vielleicht, Vincent und René, versteht Ihr jetzt noch besser, was wir Euch oft zu erklären versucht haben: daß jeder meiner Einkäufe auch heute noch ein Angsteinkauf ist, wenn ich immer wieder zu viel Brot, zu viel Milch, Eier und Butter kaufe und die Zigaretten möglichst stangenweise; vielleicht versteht Ihr auch besser, wenn ich mich immer wieder darüber wundere, daß ich nicht den Rest meines Lebens am Ofen sitzend, lesend, ein paar Zigaretten neben mir, verbracht habe; immerhin war ich mit einer wohlbestallten Realschullehrerin verheiratet, deren Gehalt, wenn auch knapp, für uns alle gelangt hätte. Am Ofen sitzen und lesen, nur ein paar Stunden lang keine Angst haben vor Kettenhunden, dem Herrn Reichsinnenminister Himmler und dem Herrn Oberbefehlshaber Himmler und seinen Gesetzen und Abgesandten; besser versteht Ihr wohl auch, daß mich der leiseste Anhauch von Faschismus in Panik versetzt; warum ich mein Auto immer vollgetankt habe, mindestens für eine Woche Geld in der Tasche haben möchte und nicht allzuweit von der holländischen und belgischen Grenze entfernt wohne. Verrückt, verrückt, ich weiß –. Vielleicht versteht Ihr auch, warum nur die Angst einen mutig macht, nur die Situation, in der einer gar keine andere Wahl hat als unterzugehen oder mutig zu sein, und es war diese Angst, die mir Mut machte, mit gefälschten Papieren zu existieren, die ich mutig an irgendeiner Dienststelle der Deutschen Wehrmacht in echte umtauschte, die sich dann wieder fälschen ließen. Nehmt das alles, René und Vincent, nicht als Ratschlag oder Hinweis, nur als Bericht über mein Verhalten, das ich damals als »historisch« richtig empfand, dem nahen *Kriegsende,* das Historiker ganz anders sehen, angemessen. Es wird, wenn es dann kommen sollte, für Euch ganz anders kommen. Ratschläge nützen da wenig.

Die erste Fälschung hatte ich im Frühherbst 44 vorgenommen, als ich das Mädchen, das mir die Entlassungspapiere in einem Lazarett in Ungarn ausstellte, überredete, das »Reiseziel«, das hinter dem »nach« eingetragen werden sollte, offen zu lassen. So rettete mir mein Füllfederhalter, mit dem ich in der Toilette des Zuges hinter das »nach« die westlichste aller noch nicht eroberten Städte: »Metz«, einschrieb, mit aller Wahrscheinlichkeit das Leben, denn normalerweise hätte ich zu irgendeiner »Frontleitstelle« nach Debreczen fahren müssen – und was für ein Chaos im Herbst 44 auf dem balkanischen Kriegsschauplatz herrschte, könnt Ihr in jeder Dokumentation nachlesen. Von Ungarn über Ahrweiler nach Metz, von Metz über Ahrweiler nach Dresden, von Dresden über Ahrweiler und Bad Neuenahr nach Marienfeld; *einen* Augenblick aus dieser Vergangenheit will ich Euch doch zu schildern versuchen: Als ich – es muß im Oktober oder September 44 gewesen sein – aus dem Zug, der aus München oder Wien kam, in Remagen umstieg, die Treppe zur Unterführung hinunterging, um zum Zug nach Ahrweiler zu kommen, ging auf der gegenüberliegenden Treppe, die in die gleiche Unterführung führte, Annemarie, Eure Mutter, die Treppe hinunter – und wir trafen uns unten im Tunnel! Könnt Ihr verstehen, daß uns nach 40 Jahren noch das Herz bebt, ja, das Herz bebt, wenn wir den Bahnhof Remagen durchfahren?

Nach Marienfeld war ich noch mit einem echten Papier gefahren, dem Entlassungsschein des Neuenahrer Lazaretts. Als das Verfallsdatum näher rückte, geriet ich in Panik, pilgerte, nachdem ich wieder ein bißchen nachgeholfen hatte, nach Siegburg, kam dort prompt mit Fieber an, bekam das Papier verlängert; auch das verlängerte Papier drohte zu verfallen, ich fälschte es; auch das gefälschte Datum verfiel, ein ziviler Arzt in Much, bei dem ich ebenfalls mit Fieber auftauchte, verlängerte das gefälschte Datum, das damit wieder fast »amtlich« wurde (übrigens war, was der zivile Arzt in Much tat, nicht zulässig, aber er tat's!). Ich fälschte das »amtlich« verlängerte Datum, auch das verfiel – und der Fetzen wurde allmählich so verschlissen und immer wieder übertippt, er war unbrauchbar. Muß ich sagen, daß wir die Amerikaner nicht nur herbeiwünschten, daß wir sie herbeibeteten, zuletzt herbeifluchten? Aber die kamen und kamen nicht. Muß ich Euch unsere Angst beschreiben, daß mein Bruder Alois immer verrücktere Entfernungen von der Truppe betrieb? Mir fiel ein, daß ich ja noch eine Karte im Ärmel hatte. Immerhin war ich nach drei, vier Monaten Lazarettaufenthalt und so vielen Krankheiten zu Hause immer noch nach den Termini der Deutschen Wehrmacht ein »Genesender«, hatte, bevor man mich wieder in den Krieg schicken konnte, »Anspruch« – welche »Ansprüche« hatte man schon unter dem Herrn Innenminister und Oberbefehlshaber Himmler! – auf »Abstellungsurlaub« (wie ich in den Jahren davor die Urlaubsregistratur in meinem Soldbuch manipulierte, erzähl ich Euch mal später mündlich, es würde zu lange dauern und mir auch nicht »trocken« gelingen!). Nun, es erschien mir angesichts meiner völlig zerfetzten »Fleppen« als das beste, mich an die verfluchte Brust jener Einheit zu begeben, die »Ersatztruppenteil« hieß und irgendwo in einem Kaff südlich von Mannheim residierte. Ich fuhr dorthin. Ja. Fuhr. Alle Bahnhöfe glichen Riesenkarawansereien, wimmelten von übermüdeten, gereizten, meist auch schmutzigen Gruppen mit ihrem elenden Gepäck: Zivilisten, »normale« Reisende, Flüchtlinge, Soldaten, Bombengeschädigte, Kriegsgefangene, Polizisten der verschiedensten Kategorien – es geht mir da verschiedenes durcheinander, ich kriege auch die Chronologie nicht mehr genau hin, begnüge mich mit ein paar garantierten absurden Details.

Dieser Ersatztruppenteil lag in einem badischen Tabakdorf, dessen Namen ich vergessen habe. Meine Kompanie (normalerweise bestand eine Kompanie aus etwas mehr als 100 Soldaten) bestand aus 800 – da standen sie, mürrisch bis fluchend, beim Appell herum: Armamputierte, Beinamputierte, Doppelamputierte, dreifach Amputierte (beide Beine und einen Arm ab), auf ihren Krücken, mit improvisierten Prothesen, warteten auf die Festsetzung ihrer Rentenansprüche, Hochdekorierte standen in der Schlange für einen Schlag Dörrgemüse, es wahr wohl Januar oder Februar, eiskalt, und einen Mantel bekam man nur, wenn man kv (kriegsverwendungsfähig) geschrieben wurde oder sich freiwillig schreiben ließ. Schlafen in Tabakscheunen, aus denen der Tabak wohlweislich entfernt oder beschlagnahmt worden war; die Prothesen hingen nachts an irgendwelchen Haken und Nägeln; muffig alles, elender Ersatzkaffee, trockenes Brot mit etwas Marmelade. Ich war jedenfalls mein zerfetztes, verdächtiges Papier ohne Beanstandung los geworden, war mal wieder legal; ich fror, hatte Hunger, mußte ein paar Tage warten, bevor ich an die Reihe kam. Abends in Kneipenhinterzimmern und Bauernküchen Tabakschacher; kein Mädchen weit und breit zu sehen, Gebrüll beim Appell, Fluchen, Gemurre – oh, edles Vaterland, wie gehst du mit deinen Helden, deinen verkrüppelten Helden um (siehe Märchen!). Annemarie hatte mir für die Hinfahrt ihren wunderbar leichten und warmen roten türkischen Schal gegeben, so daß ich rotummantelt einiges Aufsehen erregt hatte. Ich ließ mich sofort kv schreiben, bekam einen Mantel und, was ebenso wichtig war: ein waschechtes Papier. Dieses waschechte Papier war ein »Abstellungsurlaubsschein« – und das trotz Heldenklau. Ach, fragt Annemarie aus über die Jahre *davor,* die Begegnung in Remagen, die Wochen in Metz, die Kölner Wohnungen, über die ich ja auch einiges geschrieben habe. Ihr versteht wohl jetzt, welche Gefühle und Erinnerungen die Bahnhöfe in Remagen, Bonn, Köln in uns in Bewegung setzen? Wenn wir Kopelews in Köln besuchen, in der Neuenhöfer Allee, wo sie genau dem Haus gegenüber wohnen, in dem wir, jung verheiratet um die Jahreswende 42/43, die schlimmsten Bombenangriffe erlebten, kommt sie unweigerlich und ungerufen: die Erinnerung an *eine* unserer Wohnungen, von der ich bis heute nicht weiß, ob ich siebenmal, sechs- oder fünfmal dort geschlafen habe, zuletzt in der Nacht vom 29. auf den 30. Juni 1943, in der Köln fast in den Untergang gebombt wurde.

Es ist mir nicht gelungen, einen Himmlerbefehl aufzutreiben, der in diesen letzten Kriegswochen erlassen wurde; der Befehl besagte, daß jeder Soldat jeden Soldaten erschießen könne, den er dort anträfe, wo kein »Kampflärm« oder »Gefechtslärm« zu hören sei. So war jeder Deutsche eines jeden Deutschen potentielles Standgericht, auch wenn der, der einen entfernt vom Gefechtslärm antraf, ja selbst sich entfernt vom Gefechtslärm aufhielt. Entsprechend war die Zahl der Hinrichtungen, die in die Zigtausende gingen. Inzwischen weiß man, daß Himmler diesen Befehl erließ, kurz bevor er selbst versuchte, sich über den Grafen Bernadotte durch einen Sonderfrieden zu retten, von dem Hitler natürlich nichts wußte. Seine Ehre war eben die Treue! Wahlspruch der SS! Der Oberbefehlshaber versuchte sich zu retten, während hinter ihm, vor ihm, um ihn herum auf *seinen* Befehl Zigtausende erhängt und erschossen wurden. Deutschland zwischen dem 20. Juli 1944 und *Kriegsende* – das war *totaler* Terror des Herrn Innenministers Himmler. Und im Radio das Goebbels-Geschrei. Ihr müßt wissen, daß die amerikanische Armee auf dem europäischen Kriegsschauplatz *einen* Deserteur hingerichtet hat, einen, dessen Witwe jahre-, ich glaube jahrzehntelang mit dem Pentagon prozessierte. Die Anzahl der hingerichteten deutschen Wehrmachtsangehörigen ist nicht genau bekannt; sicher ist, daß es mehr als dreißigtausend waren. Ob auch nur eine deutsche Witwe, Braut, Schwester, Mutter versucht hat, das »Deutsche Reich« oder seine Erben zu verklagen oder einen der überlebenden Feldmarschälle, in dessen Befehlsbereich die Erschießung oder Erhängung statt-

fand? Ich weiß natürlich auch nicht, wie viele der Hingerichteten als »gefallen« durch die Statistiken geschleppt und möglicherweise auf Kriegsdenkmälern verewigt worden sind.
Ich wollte keiner von ihnen sein. Euer Onkel Alois war einige Male nahe daran, zu ihnen zu gehören. Daß er überlebt hat, verdankt er nicht nur seinem märchenhaften Glück, auch seiner Frau, Tante Maria, Eurer Mutter Annemarie und besonders Eurer Tante, meiner Schwester Mechtilde. Zum Glück ahnten die Frauen nicht, wie gefährdet Alois war, sie gingen mit fast genialer Naivität und erstaunlichem Mut in die Höhlen der verschiedensten Löwen, nach Köln etwa und nach Engelskirchen, verschafften ihm Frist. Ich bin versucht zu sagen: Galgenfrist. Seine Entfernung von der Truppe, sein Glück zu beschreiben, wäre ein weiterer Roman. Schließlich stellte sich heraus, daß er nierenkrank war und seit langem schon legalerweise in ein Lazarett gehörte, aus dem er dann, um der Gefangenschaft zu entgehen, im Gewand eines katholischen Priesters sich durch die amerikanischen Linien nach Hause bewegte. Einmal – im Dezember 1944 – fuhren wir, beide illegal, zur Hochzeit unseres Bruders Alfred mit Eurer Tante Cläre nach Siegburg.
Einen Deserteur, der erschossen wurde, habe ich gekannt. In einem kleinen Ort bei Siegburg, der Kaldauen heißt, sprach er mich, als ich in die Deutsche Wehrmacht zurückgegangen war, flüchtig an; ein Unteroffizier mit dem Namen Keller, ein leiser Mensch, sprach mich an, weil er meinen Namen durch Maria und Alois kannte. Nach dem Krieg erfuhr ich, daß er wegen Fahnenflucht erschossen wurde. Er war von der Front – Kaldauen liegt vom Stadtrand Siegburg 3-4 Kilometer entfernt – zu einem Besuch zu seinen Eltern gegangen, wahrscheinlich zum Kaffeetrinken; irgendein legaler deutscher Mörder hat ihn wohl erwischt, vom »Gefechtslärm« entfernt. Es ging damals rasch, und kein Hahn

hat je danach gekräht. Anfang der 50er Jahre haben dann die deutschen Frauen auch widerstandslos die Wiederbewaffnung bejaht. Ich hab das nie gefaßt, vielleicht versucht Ihr, es zu fassen.

Da geht mir einiges durcheinander. Manches habe ich ja auch anderswo beschrieben, und Ihr könnt es nachlesen. Verstreut in verschiedenen Aufsätzen, auch in »fiction«, sind Fakten zu erkennen, auch übers *Kriegsende!*

Ich weiß zum Beispiel, weiß es wirklich, daß ich irgendwann in dieser Zeit in Ludwigshafen war. Wieso, warum – vielleicht auf dem Weg in das badische Tabakdorf? Wahrscheinlich.

Auch in Mainz war ich, im Februar 45. Möglicherweise wieder einmal auf der Suche nach echten Papieren, *nur* – und das bekomme ich nicht zusammen – fuhr ich von Mainz direkt wieder zurück. Jedenfalls: Ich war in Mainz, und da ich den Aufenthalt in den muffigen Riesenbahnhofkarawansereien haßte, ging ich in die Stadt – ja, wirklich, für diese »story« kann ich garantieren! – sah plötzlich das Schild »Standortkommandantur«, ging hinein, fragt mich nicht, warum, fragt nicht, ich weiß es nicht, vielleicht war ich doch schon verrückt – ging also hinein, fragte ausgerechnet nach dem »Gerichtsoffizier« und ließ mich, mit einem gefälschten Urlaubsschein in der Tasche, bei ihm melden. War ich selbstmörderisch gestimmt? Nein, ich war immer noch erfüllt von dem Wunsch, den der Alte Fritz so frivol fand: ich wollte leben. Der Offizier, ein Major, ließ mich vor, und ich erzählte ihm einen kleinen Roman: daß ich – unterwegs zu meiner Truppe – vom Tod meiner Mutter erfahren habe (die damals schon vier oder fünf Monate tot war), daß ich also zur Beerdigung müsse, außerdem erfahren habe, daß unsere Wohnung in Köln zerbombt sei (sie war schon seit 1½ Jahren zerbombt); daß ich also sowohl zur Beerdigung müsse wie nach Köln, um meine Bibliothek zu retten und meine

Papiere, die wegen meiner bevorstehenden Promotion für mich lebenswichtig seien (meine offizielle Berufsbezeichnung war die vieldeutige Bezeichnung: Student, und er konnte natürlich nicht wissen, ahnen oder gar kontrollieren, daß ich nach dem ersten halben Semester eingezogen worden war). Nun, dieser erstaunliche Mensch, Major oder gar Oberstleutnant, der fürchterlich streng und sehr preußisch aussah, er *glaubte* mir oder – der Gedanke kam mir später erst – gab vor, mir zu glauben, weil er wußte, daß der Krieg verloren war und er jedes mögliche Leben retten wollte. Er gab mir vierzehn Tage Urlaub, und ich hatte wieder echte Papiere und Urlaub. Eins wißt Ihr vielleicht, habt's gelegentlich erfahren, und so ist es keine Angabe, nur eine Feststellung: daß ich, wenn's drauf ankommt, ziemlich kaltblütig sein kann.
Eins weiß ich auch: dieser Urlaubsschein war der, der am 2. März 1945 auslief, ich mußte also – wieso, wüßte ich nicht zu sagen – um Mitte Februar herum in Mainz gewesen sein, *mit* Mantel.
Vierzehn Tage: Das war großzügig, es war eine Ewigkeit, und irgendwann mußten die Amerikaner ja doch kommen. Diese vierzehn Tage mit einem waschechten Papier in der Tasche, waren fast *sorglos,* wäre da nicht die Angst um meinen Bruder gewesen, der gefährdeter war, als die Frauen ahnten. In diesen vierzehn Tagen fuhr ich auch mit Tillas Fahrrad nach Köln (siehe *Brief an einen Bischof, General und Minister*), um nach unserer Wohnung zu sehen und auf dem Schwarzmarkt Zigaretten zu besorgen. Aber dann – dann geht es wieder etwas durcheinander: ich weiß wirklich genau, daß ich am 2. März auf dem Siegburger Michaelsberg stand und die Riesenstaubwolke, die einmal Köln gewesen war, über die Ebene hin auf Siegburg zukommen sah. Nun weiß ich *auch* genau, daß der 2. März der Verfallstag meines allerletzten legalen Urlaubsscheins war, und ich weiß einfach nicht: habe ich ihn gefälscht, bevor ich nach Siegburg fuhr, oder nachher? Wahr-

scheinlich vorher, denn am 2. März hätte ich in Siegburg zu leicht dem »Heldenklau« in die Finger geraten können (Heldenklau, das waren Kommandos, die *wahllos* Soldaten kidnappten und der nächsten kämpfenden Truppe, also dem berüchtigten »Gefechtslärm« zuführten). Die Fälschung bestand diesmal darin, daß ich auf meines Vaters alter Büroschreibmaschine hinter die 2 eine 5 tippte: die 5 geriet schief, auch die Schrifttype war eine andere; mit dieser Fälschung wäre ich, wäre sie einem echten Kriminologen in die Finger geraten, nicht weit gekommen, und dann – ich weiß nicht, wage nicht, dran zu denken – dann hätte mich möglicherweise irgendein deutscher Vollidiot erschossen. Bis heute weiß ich nicht, warum ich nicht hinter die 2 eine 9 tippte, so hatte ich zwar 23 Tage gewonnen, dreiundzwanzig Ewigkeiten, aber warum machte ich nicht 27 Tage daraus? Der Schein war ohnehin, unabhängig von der Fälschung, nicht sehr zuverlässig, denn in dieser Phase des Krieges bekam einer nicht insgesamt fünf Wochen Urlaub. Möglich, daß wir sicher, absolut sicher waren, bis *dahin* würden die Amerikaner, unsere Befreier, *spätestens* da sein.

Nun, sie waren auch am 25. März noch nicht da und hatten doch Köln eingenommen und waren am 7. März schon in Remagen über den Rhein vorgedrungen. Remagen! Könnt Ihr Euch vorstellen, was der Name für uns bedeutete? Nicht nur wegen der *märchenhaft-unverhofften* Begegnung, die wir dort hatten, nicht nur wegen des Rheinübergangs der amerikanischen Armee, auch, weil Annemarie von Juli 43 bis November 44 fast täglich von Ahrweiler aus in Remagen umstieg, nach Köln fuhr, meistens gemeinsam mit meinem Vater, der dort nach seinem »Betrieb« sah (es gab zu tun: Fenster reparieren!). Annemarie fuhr nach Köln, um mit ihren Schülerinnen in den Luftschutzkeller zu gehen. Ich weiß nicht, wieviel hundert Bombenangriffe sie erlebt hat. (Fragt sie, fragt sie gründlich aus. Sie hat ein wunderbares

Gedächtnis für Details, fragt sie, wovon sie gelebt hat.) Es war schon Irrsinn, täglich sich steigernder Irrsinn.
Irgendwann – Genaues weiß ich nicht zu sagen – habe ich auch das zerbombte Bonn in Erinnerung, wo ich mit Annemarie umherirrte, wahrscheinlich mal wieder, um nach einer kleinen Nachhilfe im Lazarett Aufnahme zu finden. Diesmal vergeblich. Ich war auch einmal – ja, es klingt wie »Es war einmal« – war auch einmal mit meiner Schwester Mechtilde in Engelskirchen, wo Tilla mal wieder etwas für Alois ausrichtete. Tiefflieger, das Hauptquartier des Herrn Generalfeldmarschall Model, eines gefürchteten Mörders, der sich freundlicherweise im April in einem Wäldchen zwischen Duisburg und Düsseldorf erschoß, 54 Jahre alt, zwei Jahre jünger als sein oberster Kriegsherr, neun Jahre älter als Himmler (ja, Himmler war 1945 45 Jahre alt – rechnet gelegentlich mal aus, wieviel Morde auf jede seiner Lebensminuten kommen!). Die Straßen voller Horden: Soldaten, Flüchtlinge, Evakuierte, Wegziehende und Zurückkehrende – wer das filmen wollte, müßte hunderttausende Komparsen anheuern; zurückweichende Truppen, vormarschierende Truppen, wer wußte überhaupt noch, wo vorne und wo hinten war?
Wir wußten natürlich durch Abhören ausländischer Sender (lebensgefährlich!), daß die Amerikaner längst von Remagen aus über die Autobahn bis Hennef vorgedrungen waren, sie waren an der Sieg, von der wir nur zwölf Kilometer entfernt wohnten. Nun, sie hatten andere strategische Pläne, rückten ostwärts bis Kassel vor, bildeten, gemeinsam mit der britischen Armee, die von Arnheim aus vordrang, den »Ruhrkessel«, in dem sie dann einen großen Teil der deutschen Wehrmacht schnappten – aber nach Marienfeld kamen sie eben nicht. Und so nahte der 25. März, und da gab's nun nichts mehr zu fälschen, und ohne Papiere, entfernt vom »Gefechtslärm«, da hätte ich wohl bald gebaumelt, so wie Ihr es auf den Illustrationen zum *Simplizissimus* sehen könnt. Manchmal

denke ich, das Chaos während des Dreißigjährigen Krieges und danach kann gar nicht so groß gewesen sein wie während des Zweiten Weltkriegs und danach. Die fast gleichgroße Fläche, auf der die beiden Kriege stattfanden, war ja inzwischen vielfach, wenn nicht zigfach besiedelt, die potentielle Chaosmasse war erheblich größer, und unsere Feinde waren ja nicht die vorrückenden Amerikaner und Engländer, unsere Feinde waren die großen Tötungs- und Chaosspezialisten, von denen einer sich Führer nannte und in seinem elfenbeinernen Betonturm in Berlin hockte, der andere der Herr Reichsinnenminister und Oberbefehlshaber des Ersatzheeres, Himmler, war, dazu noch die Ausstrahlung des Vernichtungsbetriebes auf deren untergebene Organe, zu denen Teile der Bevölkerung zu zählen waren. Ihr werdet die Deutschen immer wieder daran erkennen können, ob sie den 8. Mai als Tag der Niederlage oder der Befreiung bezeichnen. *Wir* warteten auf unsere »Feinde« als unsere Befreier. Einer der überlebenden Generalfeldmarschälle nannte es dann nicht »Niederlage«, sondern »Verlorene Siege«. Lest das Ganze hier nicht als Abenteuerbericht, obwohl einige abenteuerliche Elemente unvermeidlich sind, lest es wie einen Krimi, der *sehr* spannend nicht sein kann, da ja die Hauptkrimifrage: Wird er geschnappt? durch mein unwiderlegbares Überleben schon beantwortet ist. Spannend könnte höchstens die Frage sein: Wie hat er es geschafft, nicht geschnappt zu werden?
Auch der 25. März kam, ohne daß die Amerikaner die Sieg überschritten und uns befreit hätten; es mag ein gewisser Trost darin liegen, daß auch die hinter die 2 getippte 9 wenig Aufschub gebracht hätte, denn auch am 29. März hatten sie die Sieg noch nicht überschritten.
Es gab keine andere Wahl mehr als: zurück in die Deutsche Wehrmacht. Die Frage war inzwischen: Wo konnte einer sicherer überleben, in oder außerhalb der Armee? Die Antwort, die wir uns erteilten, war nach eingehender Analyse: *in*

der Armee. Außerhalb der Armee ohne Papiere, das wäre ein Spiel gewesen, gefährlicher als russisches Roulette. Nur: in die Armee zurückgehen, das bedeutete Trennung, wieder einmal Abschied; ein Abschied im Krieg und verstärkt ein Abschied in einem *Nazi*krieg konnte immer ein endgültiger sein, da nutzte es wenig, wenn wir uns klar darüber waren, daß es ja »jetzt nun wirklich nicht mehr lange dauern« könne. Es hatte ja nach Stalingrad immerhin noch mehr als zwei Jahre gedauert, und den Deutschen war zuzutrauen, daß sie das berühmte »5 nach 12« bis ins Morgengrauen ausgedehnt hätten, wenn sie nur die Möglichkeit dazu gehabt hätten.
Nun, wir dehnten den Abschied aus. Annemarie ging mit mir zur nächsten Wehrmachtsdienststelle, die ein paar Kilometer von uns entfernt in der Nähe eines Dorfes lag, das Bruchhausen heißt. Die Dienststelle dort erwies sich als ein Stab: lauter rotgestreifte Hosen, ein nervöser Stab, der mit irgendeinem hergelaufenen Obergefreiten nichts anfangen konnte, auch nicht gewappnet war, mein ominöses Papier in ein legales umzuwandeln. Ich wurde weiterverwiesen in ein Dorf namens Birk auf der Strecke Siegburg – Much, bekam Marschverpflegung, korrekt: Brot, Wurst, Margarine, Zigaretten – und wir verlängerten den Abschied, indem wir gemeinsam irgendwo abseits des Straßengrabens zwischen Bruchhausen und Marienfeld meine Marschverpflegung verzehrten: Hunger hatten wir beide, und Eure Mutter war schwanger. Annemarie ging mit mir noch weiter bis Much, den langen Weg bergab, den sie später bergauf wieder zurückgehen mußte, und dort nahmen wir Abschied an der Straßenkreuzung unten im Tal, wo Horden von Zivilisten und Soldaten aneinander vorbei, manchmal ineinander strömten. Deutschland war in Bewegung, und ich hatte ein mieses, faules Papier in der Tasche. Ja, Abschied. Ich schildere ihn nicht. Wie soll ich die vier Dutzend oder gar hundert Abschiede schildern? In Köln, in Ahrweiler, in Marien-

feld und anderswo, in Metz, in Bitsch, St. Avold und anderswo.
Ich tippelte los, Richtung Birk, mit einem völlig unvorschriftsmäßigen Stock in der Hand, der einen vorüberfahrenden Offizier der Feldgendarmerie veranlaßte, anzuhalten und mich streng zu ermahnen, daß das eines deutschen Soldaten unwürdig sei. Ich war zu verzweifelt, um Reue wenigstens zu heucheln, erklärte ihm mein Ziel – und er befahl mich in sein Auto; er war von der strengen korrekten Sorte, und ich fürchtete – immerhin war er Feldgendarmerieoffizier – er würde nach meinen Papieren fragen oder mich gleich einkassieren. Er tat beides nicht, lud mich wortlos in Birk vor der Schreibstube der dortigen Einheit aus, wartete noch, bis ich hineingegangen war und fuhr weiter. Ich meldete mich in der Schreibstube, legte mein Papier vor; noch bevor er es eingehend studieren konnte, wurde der Obergefreite ins Nebenzimmer gerufen, ich nahm den Fetzen Papier, ein übles Corpus delicti, wieder an mich, und als er zurückkam und danach fragte, sagte ich: »Das hast du doch gerade mitgenommen.« Er war verwirrt, staunte, ließ es dann dabei bewenden; ich wurde der Kompanie einverleibt und war mal wieder legal. Dieser ominöse Urlaubsschein muß irgendwo noch in meinen ungeordneten Kriegsbriefen zu finden sein, dieses Dokument meiner wahrscheinlichen Lebensrettung.
Der Krimi geht weiter. Ich war erleichtert und doch bedrückt: Nach einem halben Jahr war ich zum ersten Mal wieder von Annemarie und den anderen getrennt, war wieder in der Deutschen Wehrmacht. Die Ausflüge in das Tabakdorf, nach Mainz und anderswohin waren zwar riskant gewesen, aber doch in ihrem Ausgang berechenbarer. Ich war ziemlich niedergeschlagen, zumal ich nicht – was in den Kriegsjahren davor immer ein Trost gewesen war – anrufen konnte. (Lest alles gelegentlich nach, was ich hier nicht wiederholen möchte.) Ich ging abends durch Birk spazieren, verzweifelt,

und doch spielte ich mit dem Gedanken, einfach unterzutauchen – wo, wo? Da traf ich in Birk auf der Hauptstraße die Tochter eines Kölner Lebensmittelhändlers, bei dem wir oft – und jahrelang auf Pump – gekauft hatten. Ein herzliches junges Mädchen, das ich leider nie wieder getroffen habe. Sie nahm mich mit »nach Hause«: in eine Behelfswohnung, wo ich auch ihren Vater traf; sie waren gerade erst, vor ein, zwei Tagen, vor der Einziehung in den Volkssturm geflohen. Wir erzählten, ich berichtete, und Herr Fog, so hieß er, erklärte mir, daß er weiter den Amerikanern entgegen vor der Einziehung in den Volkssturm zu fliehen gedenke und fragte mich, ob er sich wohl in Marienfeld ein, zwei Tage verstekken könne. Ich bejahte das, und er bat mich, doch dort für ihn sozusagen Quartier zu machen und übergab mir als Vorschuß 25 Pfund Zucker in einem stabilen Sack. 25 Pfund Zucker Ende März 1945! Wie die nach Marienfeld bringen, spät abends? Nun, ich war verrückt, das junge Mädchen lieh mir ihr Fahrrad, ich klemmte den Zuckersack auf den Gepäckträger und fuhr los. Es war verrückt, und möglicherweise war dieser Zuckertransport per »Entfernung von der Truppe« – wie eine spätere Radtour unter ähnlichen Umständen, auf die ich noch kommen muß – meine einzige »Heldentat«: Zucker für Marienfeld! Ich fuhr auf Nebenwegen, umging gefährliche Straßenkreuzungen, wo Feldgendarmen und Heldenklau lauerten, indem ich Rad und Zukker Böschungen hinaufschob, kam tatsächlich naßgeschwitzt mit dem Zucker in Marienfeld an – das war ein Wiedersehen! Überraschend und doch schmerzlich, und wieder wurde das Problem erörtert: bleiben oder zurückfahren. Schließlich siegte mein »Ehrgefühl«: Ich hatte dem Mädchen versprochen, das Rad zurückzubringen, und in diesen Zeiten war ein Fahrrad wertvoller als eine ganze Autokolonne. Fahrräder bestimmten überhaupt mein Schicksal, letzten Endes zum Guten. Ich fuhr also mitten in der

Nacht los, brachte das Rad zurück und schlich mich ins Quartier. Wieder einmal legalisiert.

Nun begann die letzte Phase, die ich nicht detailliert schildern will, da dieser Kram in jedem Kriegsbuch nachzulesen ist. Ich traf in Kaldauen den Unteroffizier Keller, den sie später als Deserteur ein paar hundert Meter von seinem Elternhaus entfernt erschossen. Wurde weiterverlegt nach Niederauel, der Stadt Blankenberg gegenüber. Dort lagen wir, nur durch die Sieg getrennt, den Amerikanern gegenüber, konnten es mit eigenen Augen sehen: das *weiße, weiße* Brot – es leuchtete wie der Mond. Geschossen wurde nicht, schießen war sozusagen verboten, weil, wenn auch nur *ein* deutscher Schuß fiel, ganze Ladungen amerikanischer Artillerie retourkutschiert wurden. Auflösung, Chaos, kaum noch normale Verpflegung, klauen, Kühe melken, irgendwie in Ställen beim wärmenden Vieh die Nächte verbringen – und noch einmal bestimmte ein Fahrrad mein Schicksal. Ihr werdet Euch fragen, warum ich nicht sofort übergelaufen bin, dem *weißen,* so weißen Brot entgegen? Die Antwort ist einfach: Ich wollte nicht nur überleben, ich wollte möglichst ohne Gefangenschaft überleben, ein frivoler Wunsch. Alois und ich hatten uns überlegt, daß wir uns auf dem kleinen Speicher des Behelfsheims, zwischen den überlebenden »Seelenhirten«, eine Weile verstecken und die »Entwicklung der Dinge« abwarten wollten. Ich wollte zu Annemarie, wollte nach Hause, und außerdem hätte ich durch die kalte Sieg schwimmen oder waten müssen. Ich wartete ab. In der Horde wurde offen vom Überlaufen gesprochen; einige hatten's versucht – ihre Familien lebten in dem schon von Amerikanern besetzten Gebiet – krochen und kletterten über eine zerstörte Brücke – und wurden beschossen, weil man sie für einen Spähtrupp hielt. Nein, ich wartete, und noch oder wieder einmal brachte mich ein Fahrrad in Versuchung. Mit einigen anderen wurde ich beauftragt, unsere Ablösung, eine Kompanie einer Radfahr-

Einheit Kölner Polizisten, nach Niederauel zu begleiten – nachts über Bödingen nach Allner, wo wir die radbewehrten Kölner Polizisten trafen. Von Allner nach Marienfeld war nicht weit: 12, vielleicht 15 Kilometer. Es gelang mir, einen Polizeibeamten zum Herleihen eines Fahrrads zu überreden. Er muß ein Heiliger gewesen sein, denn, wie gesagt, ein Fahrrad war wertvoller als eine ganze Autokolonne, und wer konnte schon Anfang April 1945 auf dem Höhepunkt des deutschen Chaos irgend jemandem trauen? Nun, er gab's mir (ich weiß seinen Namen nicht, sonst würde ich auch ihm wie dem Bauern Peters ein Denkmal setzen), und ich fuhr in der Nacht, spontan und konfus, wie ich es Alois immer vorgeworfen hatte, nach Marienfeld, sah Annemarie, brachte meinem Vater ein paar Zigarren – und wieder Problemdiskussionen: bleiben oder nicht bleiben, hinauf in den Speicher zu den »Seelenhirten« oder zurück nach Allner, was soviel bedeutete wie zurück an die Front. Inzwischen hatten die Armen in ihrem Behelfsheim auch noch »Einquartierung« – der Einquartierte war vernünftig und riet mir zum Speicher, ich aber hatte das biedere, ehrliche Gesicht des Polizeibeamten vor mir, dem ich »in die Hand« versprochen hatte, das Rad zurückzubringen, und so fuhr ich in dunkler Nacht auf Nebenwegen nach Allner zurück. Später hörte ich – wo, weiß ich nicht –, daß die gesamte Polizistenkompanie samt Fahrrädern vernichtet worden sei.

Wir, die Einheit, zu der ich gehörte, zogen weiter, durchs Bröltal, total verhordet, auf Waldbröl zu, schleppten uns dahin, vorwärts, wieder zurück. Einmal, erinnere ich mich, kamen wir an einen Dorfrand, sahen dort die weißen Fahnen flattern. Irgendwie – *wie* genau, weiß ich nicht – löste sich der ganze Laden auf, und ich machte mich auf den Heimweg (das könnt Ihr nachlesen in einem kleinen Bericht, den ich vor Jahren einmal schrieb), bis ein Leutnant mitten auf der Landstraße mir buchstäblich die Pistole auf die Brust setzte, mich zwang, mich seiner »Einheit« anzuschließen, die den wahnwitzigen Namen »Kampfkommandantur Brüchermühle« hatte (irgendwo zwischen Denklingen und Waldbröl muß dieser Weiler liegen, der der letzten Einheit der Deutschen Wehrmacht, der ich angehörte, den Namen gab). Mir schien es besser, diesem Irren keinen Widerstand zu leisten, und auf diese Weise kam ich endlich – nach ein paar unangenehmen Tagen – bei Brüchermühle in amerikanische Gefangenschaft. Endlich? Es war für mich eine Überraschung: Wir hatten doch die Amerikaner herbeigewünscht, –gebetet, –geflucht, und es war doch eine Befreiung, *die Deutschen endlich los zu sein* – und doch, das war die Überraschung: Es fiel mir schwer, die Hände hochzuheben, es fiel mir schwer, aber ich tat's natürlich.

Der Rest ist nicht mehr so wichtig. Eine kühle Nacht in einem improvisierten Lager bei Rosbach an der Sieg – immer noch Endsieggeflüster; abenteuerliche Fahrt durch den Westerwald nach Linz, über den Rhein nach Sinzig (lest nach, lest die Gedichte, die Günter Eich darüber geschrieben hat), Namur, Attichy – ein Massenlager. Natürlich war das alles kein Sanatoriumsaufenthalt. Ich wiederhole: Ich hatte das Schlimmste erwartet, es kam aber nicht einmal schlimm, nur »halb so schlimm«, und immer noch waren die Gefährlicheren die Deutschen, die Femegerichte abhielten und manchen in der Massenlatrine verschwinden ließen, so manchen »Defaitisten« – im April 45, als die sowjetische Armee an der Elbe sich schon mit den Amerikanern verbrüderte. Nein, nein, keine Klage. Wichtig ist nur, daß es mir gelang – fragt mich nicht, wie, das wäre ein kleiner Krimi im Krimi – der körperlichen Arbeit zu entgehen, zu der wir durch besseres Essen verlockt wurden. Ich dachte mir: Wenn du jetzt arbeitest – es war eine absurde »Arbeit«, die ich anderswo beschrieben habe – dann arbeitest du jahre-, vielleicht jahrzehntelang; ich dachte mir: besser noch ein paar Monate hungern als jahrelang irgendwo arbeiten. Vielleicht verhielt ich mich damals zum ersten Mal »historisch bewußt«. Noch später, als das Lager – angeblich 200 000 Mann – aufgelöst und an die Franzosen übergeben (verkauft) wurde, gelang es mir, bei einer akribischen Prüfung der Arbeitsfähigkeit in die Kategorie »Im eigenen Beruf arbeitsunfähig« zu gelangen; da mein eigener Beruf »Student« war, eine erstaunliche Bezeichnung. Und nun, da von den angeblich 200 000 etwa 60 als »im eigenen Beruf untauglich« erklärt wurden, zeigten die Amerikaner ihre manchmal überraschende Vernunft: Wir wurden abgesondert, wurden gesondert verpflegt, besser, fast gut, bekamen sogar eigene Krankenpfleger, die uns Waschwasser brachten, bis wir noch einmal verlegt, an die Engländer in ein Lager in der Nähe von Waterloo übergeben wurden. Die Engländer waren ganz anders, nicht so hygieneverrückt wie die Amerikaner, es gab korrektes Essen und viel Tee mit Zucker und Milch, der von den Deutschen verachtet wurde. Auch ich war kein Teetrinker, wurde zu einem, spürte die Köstlichkeit dieses unvergleichlichen englischen Tees und sammelte die Reste in einer Einliter-Bierflasche belgischer Herkunft, die mein kostbarster Besitz wurde. Eure Mutter, Annemarie, hatte während des Krieges gar keine Gelegenheit, mir zu zeigen, wie gut sie Tee zu bereiten verstand. Ach, Ihr wißt, Irland und auch England, wo wir zu Teetrinkern wurden. Aus dem englischen Lager wurden wir nach Regierungsbezirken entlassen. So erfuhr ich, daß es einen Regierungsbezirk Arnsberg gibt, zu dem Gelsenkirchen gehörte, woher Ada stammte, der einzige bleibende Freund aus Krieg und Gefangenschaft, den Ihr ja kennt. Köln kam später dran, und den Rest kennt Ihr (lest nach, was ich, halb autobiographisch, darüber geschrieben habe).

Erwähnt werden muß nur noch ein weiteres Fahrrad. Es gehörte Hilde Merl aus Siegburg, die es mir lieh, als ich, in Bonn im Hofgarten von belgischer Hand aus britischer Ge-

fangenschaft entlassen, an einem Oktobertag 1945 zu spät in Siegburg ankam, um noch vor der Sperrstunde Nesshoven zu erreichen, wo Annemarie inzwischen ein Zimmer hatte. Ich fuhr, so schnell ich konnte, die Straße hinauf, die ich ein knappes halbes Jahr vorher mit dem Zuckersack gefahren war, und kam noch vor der Sperrstunde, schwitzend, abgehetzt, in Nesshoven an. So früh hatte keiner mit mir gerechnet, Freude und Überraschung waren groß, und wenige Tage später die Trauer: Wir mußten Euren kleinen Bruder Christoph, unseren Sohn, beerdigen.
Ihr werdet Euch fragen, was ich denn gemacht habe, dieses halbe Jahr lang. Ich weiß es nicht mehr, weiß nur: viel nicht. In der Küche waren ohnehin zu viele Personen, manchmal, wenn meine Papiere wirklich in Ordnung waren, ging ich hamstern, wartete auf die Amerikaner, las, las auch Kierkegaards Tagebücher, fuhr nur einmal, mit Tillas Rad und tadellosen Papieren nach Köln, um noch ein paar »Wertgegenstände« zu retten und Zigaretten zu besorgen (das könnt Ihr anderswo nachlesen). An manchen Stellen dieses Berichts werdet Ihr den familiengewohnten Zynismus und die Frivolität entdecken, vielleicht lachen. Lacht getrost: Wir haben überlebt und natürlich nicht die ganze Zeit in Trübsinn verbracht. (Fragt Eure Mutter gründlich aus, fragt Eure Tante Maria und Eure Kusine Maria Theres, Eure Vettern Franz und Gilbert, wie *sie* das alles in Erinnerung haben; ganz anders als ich, anders auch, als Alois es erzählt hätte.)
Es kommt zu viel hoch, zu viel kommt auf, und ich muß Schluß machen, sonst wird doch ein halber Roman daraus und ich gerate ins »Erzählen«, also auf schlüpfriges Gelände, wo doch der »feste Boden« des »Wirklich Erlebten« nicht verlassen werden sollte. Vielleicht versteht Ihr jetzt manches besser, das Euch fremd, vielleicht gar unerklärlich geblieben ist: Daß es uns nicht nur schwerfällt, unmöglich ist, Brot wegzuwerfen; daß es mir schwerfällt, Kaffee oder Tee weg-

zuschütten; daß ich, was von diesen kostbaren und edlen Getränken beim Frühstück übrigbleibt, mitnehme in mein Arbeitszimmer; und daß ich von den Zigaretten nicht lassen kann und meine Lebensmitteleinkäufe immer panikartigen Charakter haben. Wissen solltet Ihr auch, daß auf den Irrfahrten zwischen 1939 und 1945 keine Circe mich auf ihren Felsen locken konnte. Die muffig schmuddelige Sexualität in Bahnhöfen, um diese herum, und in den Eisenbahnzügen jener Zeit, darin verbarg sich keine Verlockung, und Penelope war beides: Circe und sie selbst. Wissen solltet Ihr auch, daß in dem amerikanischen Lager Doppel-Oberschenkelamputierte einsaßen, die mit Panzerfäusten kämpfend erwischt worden waren: Endsiegstrategen, und daß auf einem Bahnhof am Niederrhein heimkehrende britische Soldaten, deren Zug parallel zu unserem hielt, uns Zigarettenkippen zusteckten.

Vielleicht versteht Ihr jetzt auch besser, warum Typen wie Filbinger und Kiesinger, die lächelnd, glatt, makellos in bourgeoiser Selbstgefälligkeit über alle Zeiten hinweggekommen sind, uns am meisten gereizt haben, und wissen solltet Ihr auch, daß Adenauers berühmte Kriegsgefangenenbefreiung hauptsächlich hohen Offizieren galt, für die das Stichwort nicht »Niederlage«, nicht »Befreiung«, sondern »verlorene Siege« generell eine gewisse Gültigkeit behalten hat und die, da sie länger leben als irgendein kranker oder kaputtgeschossener Soldat, die Pensionskassen erheblich belasten und beim Wiederaufbau eines deutschen Heeres, genannt Bundeswehr, gut zu gebrauchen waren. Besser versteht Ihr vielleicht auch, daß unsere vielen Reisen immer auch den Charakter von Flucht hatten, Flucht vor Leuten wie Filbinger, der sich nicht mehr erinnerte, an der Exekution eines von ihm zum Tode Verurteilten teilgenommen zu haben! (Stellt Euch das vor: Er erinnerte sich nicht!) Wie viele Deutsche erinnern sich nicht, lauter solche, denen ich hätte in die Hände fallen

können, nicht alle *Richter*, aber potentielle Hin-*richter*. Und erst die »deutschen Mütter«, diese hochgelobte Kategorie deutscher Weiblichkeit – wie viele von ihnen haben nicht nur widerstandslos, auch ohne sonderliche Not, und nicht wenige mit Begeisterung, ihre vierzehn-, siebzehnjährigen Söhne noch in den Tod rennen lassen, dem »Führer geopfert«! Es gab da einen gewissen Ferdinand Schörner, einer von Hitlers Lieblingen – er beförderte ihn noch im März 1945 zum Generalfeldmarschall –, seine Standgerichte waren so berüchtigt wie die des Herrn Model; er trug den Ehrennamen »Bluthund«, seine »disziplinarischen Maßnahmen« waren der Schrecken seiner Soldaten. Er starb nicht 1945 wie sein geliebter Führer, er starb im Jahre des deutschen Heils 1973 in München; ich glaube, auch er gehörte zu den von Adenauer befreiten deutschen Kriegsgefangenen.
Vor ungefähr sechzehn Jahren, lieber Vincent, lieber René, schrieb mir einer der Söhne von Rudolf Hess, ob ich mich nicht in die umfangreiche Liste derer eintragen könne, die für die Freilassung des Herrn Hess plädierten. Ich konnte nicht, *ich brachte es nicht über mich*, und auch heute, wo Hess 90 ist, *bringe ich es nicht über mich*. Noch 1946 in Nürnberg betonte dieser merkwürdige Friedensvogel, Hitler sei der größte Sohn gewesen, den die tausendjährige deutsche Geschichte hervorgebracht habe. Und ich bekomme seine beschwörende, fanatische Rassistenstimme nicht aus dem Ohr, die ich als Sechzehnjähriger im Radio hörte, und kann sein Gesicht nicht vergessen, das ich in der Wochenschau sah: bohrende Augen, die Opfer verlangten und ihre Opfer bekamen. Nein, *gegen* seine Freilassung protestieren würde ich nicht, *für* sie plädieren kann ich nicht.
Wissen solltet Ihr auch, daß ich mich geweigert habe, an der Enttrümmerung Kölns teilzunehmen, wie es zu jedes Heimkehrers Pflicht erklärt wurde. Ich habe keinen Stein angefaßt, enttrümmert habe ich, still vor mich hin, allein, säuberlich

von jedem Stein den Putz abklopfend, die Werkstatt meines Vaters in der Vondelstraße, die damals Alois betrieb; *öffentliche* Steine: keinen. Was ich nicht berichtet habe, gehört den Frauen, die den *Alltag* des Krieges und der Naziherrschaft zu bestehen hatten, dessen alltägliche Mühsal und Absurdität.
In Erinnerung rufen möchte ich Euch noch einmal die vier Fahrräder, die in diesem Bericht vorkommen:
1.) Tillas Fahrrad, mit dem ich ungefähr im Februar 1945 nach und durch Köln radelte, um nach unserer Wohnung in der Neuenhöfer Allee zu sehen, Schmuck und Annemaries schweres Familiensilber zu retten (das heute, 1984, immer noch unausgepackt und unbenutzt in den roten Etuis steckt) und auf dem Schwarzmarkt Zigaretten zu besorgen.
2.) Das Fahrrad der Tochter von Anton Fog, mit dem ich nächtens und illegal 25 Pfund Zucker von Birk nach Marienfeld brachte am 25. März 1945.
3.) Das Fahrrad des unbekannten Polizeibeamten aus Köln, mit dem ich im April des Jahres 1945 von Allner nach Marienfeld fuhr, ebenfalls nächtens.
4.) Das Fahrrad von Hilde Merl, mit dem ich im Oktober 1945 von Siegburg nach Nesshoven fuhr, um vor der Sperrstunde noch Annemarie wiederzusehen.
Vor wenigen Tagen, um Mitte Juli herum, während ich diesen Bericht zu Ende schrieb, starb 84jährig der SS-General Karl Wolff, ein wahrhaft abenteuerlicher Nazi, der schon 1937 Generalsrang in der SS bekam, Himmlers persönlicher Stabschef, der immerhin Ende Februar 1945 überzeugt war, daß der Krieg verloren sei (Ihr dürft lachen: Ende Februar 1945 war er davon überzeugt!). Nachdem er durch Mittelsmänner mit Alan Dulles verhandelt hatte, kapitulierte die Deutsche Wehrmacht in Italien; immerhin, immerhin; später wurde Wolff zu vier Jahren Arbeitslager verurteilt, von denen er *eine* Woche verbüßte. Später, der Mitschuld am Tod von 300 000 Juden beschuldigt, leugnete er, von den Vernichtungslagern

gewußt zu haben (und war doch Chef des persönlichen Stabs von Himmler gewesen!). Er bekam 15 Jahre Zuchthaus, wurde nach 7 Jahren entlassen. Haftverschonung. Und lebte nach dieser Haftverschonung noch 13 Jahre! Das ist kein Witz, lieber René, lieber Vincent, so ist es *geschehen*. Es ist deutsche Geschichte.

Euer VATER

Alphonse Boudard

Der letzte Tag des Krieges?

Es fällt mir recht schwer, über diesen letzten Tag des Krieges zu schreiben, weil ich nicht genau sagen kann, wann er eigentlich war. Offiziell war es natürlich der 8. Mai 1945, aber es kommt mir so vor, als ob der Krieg eigentlich schon vorher zu Ende war. Ich war nach einem Lazarettaufenthalt in Pau wegen einer Verletzung, die ich mir in der Schlacht von Colmar zugezogen hatte, zu meiner Einheit, den französischen Kommandos in Deutschland, zurückgekehrt. Wir stießen nach Österreich, in das Tal von Arlberg, vor, ohne auf allzuviel Widerstand von seiten der Deutschen zu treffen. Sie ergaben sich in kleinen Gruppen, die Waffen wurden in die Straßengräben geworfen. Wir fingen hier und dort... aus Radios... hinter vorgehaltener Hand... die Nachricht auf, daß Hitler tot sei. Das war ein Zeichen... da sich der Teufel nun mit seiner Eva im Bunker erschossen hatte, konnte man daraus schließen, daß alles vorbei war. Aber auch wieder nicht... es war die Rede von Göring und Admiral Dönitz, die seine Nachfolge angetreten hätten und in einem Winkel in Bayern immer noch Widerstand leisteten. Allerdings waren die Russen mit den Amerikanern an der Oder zusammengetroffen. All das war widersprüchlich, konfus und ungewiß. Das Ende eines Krieges, das merkt man doch... es gibt Verhandlungen, Entscheidungen werden gefällt. Das hatte man mir jedenfalls in der Schule beigebracht.

Es hat sicher einen Moment gegeben, in dem man uns sagte, wir sollten unsere Gewehre wegwerfen, es wird nicht mehr geschossen... stellt das Feuer ein! Aber daran kann ich mich nicht mehr erinnern. Vierzig Jahre, das ist eine lange Zeit im Leben eines Mannes! Man schaut zurück, und man hat einige Schwierigkeiten, sich als kleinen Soldaten unter den anderen kleinen Soldaten des Generals de Lattre de Tassigny wieder-

zufinden. *Rhein-Donau,* so wird man unsere Armee, unsere Unternehmungen, unser Epos nennen. Nun ja, wir hatten gesiegt, hatten die Boches geschlagen... das war nun eine Tatsache. Die Rückkehr auf die Champs-Elysées, die Hochrufe, der Blumenregen, die Tausende und Abertausende von Küssen der Mädchen und Frauen. Das Schema in groben Zügen... das, was ich mir in meinem kleinen Kopf vorstellte, und dennoch hatte unser Finale nichts gemein mit den Berichten vom 11. November 1918. All das, was unsere Eltern uns erzählt hatten... die Fanfare des Waffenstillstandes... die riesengroße, überschäumende Freude! Ganz Paris ein einziges Fahnenmeer, die tobende Menge und Clemenceau, der Vater des Sieges mit seinem gallischen Schnauzbart, der auf die Rednertribüne des Parlaments steigt, und es ist so mäuschenstill, daß man meint, die Geschichte hielte einen Augenblick lang den Atem an.
Seltsam, aber heute, wenn ich ganz aufrichtig sein will, meine ich sagen zu müssen, daß dieser Krieg weder Anfang noch Ende, weder Kopf noch Schwanz, noch sonst etwas gehabt hat... ein einziger riesiger Alptraum unbestimmten Ausmaßes. Im September 1939 waren die Franzosen von der Gare de l'Est aufgebrochen, ohne eine genaue Vorstellung von ihrer Rolle in diesem Abenteuer zu haben. Ein düsterer Trupp in Khaki mit Wickelgamaschen, ohne Überzeugung, unter dem Kommando finsterer Heeresführer, die sich in dieses Abenteuer gestürzt hatten und selbst auch nicht so genau wußten, warum eigentlich... Ein Kreuzzug, meckerten sie... der Vertrag mit Polen muß eingehalten... die Zivilisation gerettet werden... usw.... Das Herunterleiern abgedroschener Phrasen, und man war eingetaucht in diese lange Wartezeit, diese neunmonatige Schwangerschaft, die Roland Dorgelès »das Seltsame am Krieg« genannt hatte. In den Quartieren und Unterständen der Maginotlinie wurde Karten gespielt. Maurice Chevalier war gekommen, um die Moral unserer

weinseligen Truppen zu stützen. Wir grölten, wir seien die Stärksten... wir würden sie... Hopp und ex!
Der Krieg hatte erst wirklich an dem Tag und in der Stunde begonnen, in der Hitler ihn beschlossen hatte. Und das hatte Überraschung ausgelöst, hatte unsere feinen Strategen vollkommen verblüfft, und unsere wachsamen Politiker auch! Na ja... in wenigen Tagen waren unsere Armeen über den Haufen geschossen, in Stücke zerrissen, dem Erdboden gleichgemacht, hinweggefegt, aufgerieben, und mit uns die Zivilbevölkerung... Frauen, Kinder, Greise... alles, was sich bewegte... hinweggefegt von einer Lawine von Bomben! Ein so vollständiger Zusammenbruch, daß man sich noch heute fragt, ob man wirklich davongekommen ist. Montesquieu hat geschrieben, daß »wenn der Zufall in einer Schlacht, d.h. ein besonderes Ereignis, einen Staat zerstört hat, so gab es einen allgemeinen Grund dafür, daß dieser Staat in einer einzigen Schlacht zugrundegehen mußte«. Mir scheint, das trifft genau auf unsere Niederlage vom Juni 1940 zu. Die Gründe für dieses Desaster herauszufinden, ist eine andere Geschichte, auf jeden Fall ist das nicht meine Aufgabe.
Ich war fünfzehn Jahre alt in diesem Sommer, und ich hatte das alles miterlebt... die Flucht, die Bombenangriffe, die Ankunft der Sieger auf ihren Panzern, ohne so recht die Tragweite der Ereignisse zu begreifen. In der Schule hatte man uns beigebracht, daß die Deutschen unsere Erbfeinde seien.
Hinzu kam der politische Kontext, der Nationalsozialismus, und alles bekam einen Sinn. Ich lebte in einem Arbeiterviertel in Paris, im XIII. Bezirk. Wir hatten 1936 die Roten gewählt, es stimmte also... die, die dort im Marschschritt vorbeidonnerten, das waren unsere unversöhnlichen Gegner... diese Männer mußten bekämpft werden. Während der ganzen Besatzungszeit hielt ich daran fest... eine Art Köhlerglauben. Mehr darüber zu sagen, meine Haltung zu analysieren... das

fiele mir sehr schwer. Ich kann einfach nur sagen, die Zeit verging, der Krieg dauerte überall an, ich wurde sechzehn, siebzehn Jahre, und in mir wuchs der Wunsch, *teilzunehmen*... dabei zu sein, solche Ereignisse nicht einfach vorbeigehen zu lassen, solch einen weltweiten Aufruhr. Ich wollte mich einreihen, bewaffnet sein, mitkämpfen. Mein Engagement ging nicht über dieses Niveau hinaus, ich gebe es zu. Eines Tages schloß ich mich der Widerstandsbewegung an... das war für mich das Abenteuer... die Gelegenheit, aus meiner armseligen Existenz als Lehrling in einer Gießerei auszubrechen.
Ich weiß nicht warum, aber schon vom Juli 1940 an konnte ich nicht daran glauben, daß die Deutschen diesen Krieg gewinnen könnten. Ich hatte nicht General de Gaulle im Radio gehört... die, die behaupten, sie hätten am 18. Juni an ihrem Radioapparat gesessen (damals sagte man die T.S.F.), um die Stimme des wahren Frankreich zu hören, sind ausgemachte Aufschneider! Vielleicht resultierte meine Überzeugung aus dem, was ich in französischer Geschichte gelernt hatte... da sogar Napoleon die Engländer nicht hatte besiegen können, würde auch dieser jämmerliche Hitler daran scheitern müssen.
Und das Idiotische daran ist, ich habe mit meiner Überzeugung, so wenig fundiert sie auch war, recht behalten. Inzwischen war man am Ende des letzten Aktes der Tragödie angelangt, und ich hatte am Halali, am Zerlegen der Bestie, teilnehmen können. Ich trug ein Kommandokäppi mit einem Lothringerkreuz darauf, um mich von einem G.I. zu unterscheiden. An diesem 8. Mai 1945, darüber bin ich mir im klaren, machten wir uns über die paar kampfbereiten Franzosen etwas vor. Wir waren Sieger, weil die Amerikaner uns letztendlich in ihre Armeen aufgenommen hatten, uns Uniformen, Gewehre und Wagen geliehen hatten... und weil de Gaulle in sein Mikro getönt hatte. Wir hatten zwar zunächst

eine Schlacht verloren, aber den Krieg hatten wir zumindest gewonnen.
Das sind heute meine Schlußfolgerungen, während unsere Medien, unsere Zeitschriften und Bücher uns immer noch schöne Legenden erzählen. Natürlich, man braucht Legenden, vor allem für das Volk. Die traurige Wirklichkeit taugt höchstens für Humoristen, für den Staub auf den Akten trauriger Vergangenheitsbewältiger.
Ich stellte mir keine dieser Fragen, als wir mit den französischen Kommandos nach Arlberg hinauffuhren. An diesem historischen Tag saß ich, wenn ich mich richtig erinnere, mit meinem amerikanischen Karabiner in einem Dodge... Es ist schönes Wetter. Wir fahren endlos an den Überresten der besiegten Wehrmacht vorbei... Lastwagen, Tanks, in Frankreich beschlagnahmte Zivilfahrzeuge... Munition, zurückgelassene Waffen, wohin man blickt. Wir machen uns nicht mehr die Mühe, sie aufzusammeln. Selbst die Koffer, die herumliegen... voller Gewehre und Stiefel... Dinge, die in dieser Zeit so kostbar waren. Alles liegt herum, sogar Möbel und Radiogeräte. Alles das, was die Boches bei uns beschlagnahmt hatten, bevor sie unser Lager in Brand gesteckt hatten. Aber auch wir haben seit dem Beginn des Feldzuges in Deutschland geplündert. Hinten im Dodge liegt ein Seesack mit meiner Beute. Das ist das Gute am Krieg... wir geben es ihnen Stück für Stück zurück, diesen Schweinen, unseren lieben Erbfeinden.
Von Zeit zu Zeit, warum weiß keiner, bleibt die Kolonne stehen. Wir nützen die Pause, um uns die Beine zu vertreten und zu pinkeln, und dann geht es wieder weiter, wohin wir fahren und was uns erwartet, weiß keiner.
»Ist dieser Krieg jetzt endlich zu Ende, ja oder Scheiße nochmal, nicht?« Jemand wird unruhig. Wir haben vielleicht nicht mehr das Recht zu schießen... und trotzdem hört man ab und zu in den Bergen zu beiden Seiten entfernte Gewehrsal-

ven. Unser A.M. Panhard hat wieder einmal das Feuer auf verdächtige Bewegungen eröffnet… eine wiederkäuende Kuh… wir haben stundenlang darüber gelacht. Das war auf jeden Fall eine österreichische Kuh… fast eine Alliierte… nicht wahr… Auf jeden Fall war man uns zuvorgekommen… hatte die Grenze überschritten… Österreich war von Hitler annektiert worden, also war es als Land genauso ein Opfer wie Frankreich. Wenn mich mein Gedächtnis nicht trügt, habe ich in der Wochenschau den Führer gesehen, der sich, in seinem Mercedes stehend, in Wien von einer tobenden Menge feiern ließ… all diese erhobenen Arme… die Frauen, die in Ohnmacht fielen.

Jetzt findet man keinen seiner kleinen Brüder mehr wieder, auch den italienischen nicht, Norden und Süden haben sich in all diesen Ereignissen seit zehn Jahren miteinander vermischt… der deutsch-sowjetische Friedensvertrag… die Faust im Nacken Mussolinis… und dann die Kehrtwendungen aller Beteiligten. All meiner Landsleute, die Marschall Pétain hochjubelten und jetzt nichts mehr davon wissen wollen. Wenn ich ehrlich sein soll – ich verstehe nicht viel davon. Ich wollte dabei sein, auch mein Teil dazu beitragen… und hier bin ich nun… bewaffnet, ausgerüstet, ohne Zweifel endgültiger Sieger… Es werden immer noch Gefangene gemacht, zehn, zwölf, zwanzig… uns ist es scheißegal… nach uns werden sich andere darum kümmern, sie zusammenzupferchen, zu registrieren, sie zu fesseln und in ein Lager zu schaffen. Wir trinken den hiesigen Bauernschnaps aus der Flasche. Wir haben gewonnen, da muß man sich schließlich besaufen. Es macht mir schon ein bißchen Vergnügen, daß ich mich ganz vorne bei den Rächern des Vaterlandes befinde. Ich versuche immer noch, mich zu erinnern, was mir so durch den Sinn ging, versuche, diese glorreichen Stunden nachzuvollziehen. Sicher, es ging nicht so aus wie erwartet. Alles war falsch, verlogen… für die einen

wie für die anderen... die Deportierten... die Gefangenen, für die hörte der Krieg am Tag ihrer Befreiung auf... und auch für die, die in der Lage waren, alles zu begreifen.
Auf dem Vormarsch der ersten französischen Armee waren wir auf kein Konzentrationslager gestoßen... weder auf Dachau noch auf Buchenwald. Wir konnten uns das Ausmaß des Gemetzels gar nicht richtig vorstellen... den Schrecken aller Schrecken. Wir hatten vom Krieg nur die klassischen Greuel gesehen... die Zerstörungen durch die Bombenangriffe, die Ruinen, die Toten... die Obdachlosen entlang der Straßen... die Fußkranken, die Kadaver der Schlacht. Ich hatte mich in dem Jahr, in dem ich mich hinter den Alliierten herschleppte, schon daran gewöhnt. Freunde waren gefallen, ich war verwundet worden. Im Lazarett hatte ich Verbrannte leiden sehen... die es im Panzer erwischt hatte... arme blinde Typen, entstellt, die nur noch aus Schmerzen bestanden. Ich hatte es verpaßt, in der Widerstandsbewegung in der Sologne erschossen zu werden. Ich war zu spät zum Treffpunkt gekommen, und das hatte mich für immer gerettet.
Vierzig Jahre später stelle ich mir immer noch die Frage, warum ich mich freiwillig in dieses Abenteuer gestürzt habe. Was hatte mich wirklich dazu getrieben, dem Tod in die Arme zu laufen, mein armseliges Leben zu opfern? Ein Grund, denke ich, war bestimmt, daß ich meiner Mittelmäßigkeit entkommen wollte... wahrscheinlich hat auch Eitelkeit eine Rolle gespielt, ich wollte später *erzählen* können, etwas zu Papier bringen, so wie ich es jetzt tue... die Erinnerung verherrlichen... den Glorienschein! Ich kann nicht gut von Patriotismus sprechen, das ist ein künstliches Gefühl, das man mir schon als Kleinkind eingeimpft hatte und das sich festgesetzt hatte und noch verstärkt wurde, als ich sah, wie sich die Deutschen auf unseren Straßen herumtrieben und uns Vorschriften machten... und als ich diese An-

schläge las, auf denen die Namen der Geiseln aufgelistet waren, die erschossen werden sollten.
Nicht zu vergessen mein Unterbewußtsein. Um sich aufzumachen und den kleinen Helden zu spielen, braucht man eine Überdosis davon.
Es bestätigte sich, daß ich instinktiv (oder zufällig?) das richtige Lager gewählt hatte... daß diese Nazis es verdienten, ausgelöscht zu werden. Vor allem, als wir die ganze Wahrheit über den Völkermord entdeckten, als die Stacheldrahtzäune der Lager niedergerissen und zerschnitten wurden, blieben uns einige Dinge im Hals stecken. Bis dahin hatte ich den Sinn meines Kampfes nicht so ganz erfaßt. Ich nahm einfach an irgendeinem Krieg teil. General de Lattre hatte uns im übrigen die Illusion einer napoleonischen Fiktion gelassen... wir hatten Ulm eingenommen... die Donauquellen... wir waren die Erben der Großen Armee. Er hatte Sinn für Paraden und Schauspiele. Er wußte, daß man Soldaten ohne Zeremoniell nicht vorwärtsbekommt.
Es war schönes Wetter, wir blieben einige Zeit zu Paradezwecken am Bodensee in Deutschland... wir waren jung, und alles schien uns zuzulächeln, wie die Fräuleins. Die Atombombe auf Hiroshima beendete kurze Zeit später endgültig den Krieg. Eine denkwürdige Grauenhaftigkeit... eine große Premiere! War uns diese Greueltat ein wenig bewußt? Nicht, daß ich mich erinnere. Meine kleinen Geschichten als Besatzungssoldat waren mir wichtiger. Die großen Ereignisse gingen meistens in der allgemeinen Gleichgültigkeit unter. Das ist danach, immer danach... daß man erklärt und zerlegt und Schlußfolgerungen zieht und daß man sich immer wieder auf die Schulter klopft und sich selbst glorifiziert.
Im Nachhinein kommt es mir so vor, als ob der 8. Mai 1945 als Datum nicht von so großer Bedeutung ist wie die Befreiung von Paris am 25. August 1944. Dieses Datum hat sich meinem Gedächtnis eingeprägt. De Gaulle auf den Champs-

Elysées – und dann in Notre-Dame, wo eine Schießerei daran erinnerte, daß die Freude am Töten noch nicht ganz vorbei war. Trotzdem riesige Freude... die Glocken... die Umarmungen auf den amerikanischen Wagen. Unvergeßlich für jemand, der diese Stunden auf die eine oder andere Weise erlebt hat.
Was diesen letzten Tag des Krieges betrifft... ich kann in meinem Gedächtnis wühlen, es umkrempeln, es gelingt mir nicht, die Eindrücke, die Erinnerungen genauso gut heraufzubeschwören. Ein Tag fast so wie alle anderen am Ende dieses Rhein-Donau-Feldzuges. Wir fuhren den Amerikanern entgegen, die aus Innsbruck kamen... Um das Ganze ein bißchen mit Details auszuschmücken, hatte ich die Idee, eine kleine Umfrage bei meinen Kameraden aus dieser Zeit zu machen... bei den Überlebenden, denen, die, nachdem sie dem feindlichen Feuer entkommen waren, noch nicht an Krebs, Herzinfarkt, Leberzirrhose oder Verkehrsunfällen gestorben sind! Jeder erinnert sich an etwas anderes. Aus mehreren Aussagen könnte man, so stelle ich mir vor, eine Art Mosaik machen... und daraus das ganze Bild... ein unvergeßliches Fresko!
Oder einfacher noch, ich gehe ein paar Schritte... zu Claudius. Er lebt in meinem Viertel, in der Nähe der Place Pigalle. Es ist nicht schwierig, zu ihm zu kommen... ich gehe die Rue des Martyrs hinunter... da sehe ich ihn schon mit seinem Einkaufskorb. Er macht gerade Einkäufe, fühlt, riecht an den Melonen am Stand des Obst- und Gemüsehändlers. Claudius hat keine Eile; seitdem er Rentner ist, hat er alle Zeit der Welt. Er schwatzt mit dem Lebensmittelhändler, dem Antiquitätenhändler, dem Buchhändler... er atmet die Luft der heutigen Zeit am Rande des Bürgersteigs tief ein. Mit seiner Brille, seinem Wohlstandsbauch von heute kann man ihn sich schlecht als Scharfschützen in unserer Befreiungsarmee vorstellen.

»Ich hab' doch nicht diese Kuh erschossen!« Er rechtfertigt sich mir gegenüber wegen unseres letzten unschuldigen Opfers. Er ist zwar ein bißchen kurzsichtig, aber er hätte nie und nimmer eine Kuh mit einem Obersturmbannführer der SS verwechselt! Die anderen belanglosen Ereignisse des 8. Mai interessieren Claudius nicht. Er will nicht die Schmach dieses absolut lächerlichen Schusses auf sich sitzen lassen. Natürlich war er in der A.M. Panhard, aber er betont, daß er ja schließlich nicht der einzige war. Er weiß ganz genau, wer der Idiot ist, der damals das Feuer eröffnet hat, aber er zieht es vor, diskret zu bleiben. Der fragliche Idiot ist irgendein hohes Tier geworden, irgendein Würdenträger in der Verwaltung.

»Wenn der so seine Reden hält zum vierzigsten Jahrestag des 8. Mai 1945, die Brust mit Orden geschmückt, wird er sich nicht rühmen, daß er in seiner ganzen militärischen Laufbahn nur eine Kuh erschossen hat.«

Claudius hat mich besucht, um einen mit mir zu trinken. Er hat sich in den Sessel gesetzt, sein Gürtel hängt unter seinem Wohlstandsbauch. Am liebsten trinkt er Scotch, aber auch Pernod, Ricard, und was es sonst noch so an Schnaps gibt, verachtet er nicht. Ich rede auf ihn ein, bedränge ihn mit meinen Fragen. Er erzählt mir von den gelben Lastwagen der Reichspost, dann von denen der Reichsbahn, die rot waren. Er hat ein gutes Farbengedächtnis. Was er mir erzählt, bringt mich nicht sonderlich weiter. Er weicht aus, erzählt vom Schwarzwald… eine Anekdote von einem deutschen Feuerwehrauto, das er mit der Bazooka in Brand gesteckt hatte… aber der Schwarzwald, das war im April, das bringt uns zu weit zurück, das waren nicht die letzten Tage.

»Man hat uns gesagt, daß sich die SS in Bayern verschanzt hatte… in einer Art von Unterstand und daß wir sie ausräuchern müßten.«

Ja… jetzt erinnere ich mich… der berühmte bayerische Unterstand… eine Art von Widerstandsbewegung, nur andersrum. Genau... in diesen letzten Augenblicken wurde von nichts anderem mehr gesprochen. Alles war ganz aufgeregt bei der Aussicht, sich noch einmal an den Boches reiben zu können. Man könnte glauben, wir hätten noch nicht genug Rache gehabt.

»Eigentlich, Alphonse, wollte keiner so recht, daß es zu Ende sein sollte.« Er legt den Daumen auf die Wunde, mein alter Kamerad. Uns anderen, den Jüngeren, den Widerstandskämpfern, sagte es nichts, daß der Krieg zu Ende war. Trotz unserer Toten, unserer Verwundeten, hätten wir es gerne gehabt, wenn er weitergegangen wäre. Malraux sagt in *Die Hoffnung*, daß der Krieg Urlaub vom Leben ist. Genau, das trifft den Nagel auf den Kopf... wir sind noch Schüler, und *wir spielen*... das ist der Schlüssel für das Geheimnis. Daher das Desinteresse am Ende der Feindseligkeiten. Man ist ein wenig enttäuscht, ganz einfach. Das erklärt, warum ich mich so schlecht an diesen glorreichen Tag erinnern kann.

Dafür kommt bei Claudius jetzt das Gedächtnis wieder... er erinnert sich, daß wir uns an diesem Abend sogar besoffen haben. Es konnte gar nicht anders sein. Er erinnert sich auch an den Namen der Stadt... Klösterle.

»Wir haben uns sogar mit denen von der Artillerie oder diesen Intelligenzbestien besoffen... ich erinnere mich ganz genau!«

Noch eine Trinkerei. Das Übliche bei unseren militärischen Unternehmungen. Sobald wir einquartiert waren und der Kampf ruhte, hatten wir nichts Besseres zu tun, als uns zu betrinken und uns vor allem mit den Amis, oder wenn gerade keine greifbar waren, mit unseren eigenen Landsleuten zu streiten. Das sollte einem zu denken geben... sind wir wirklich friedliche Tiere? Was da zu Ende ging, als sich die deutschen Truppen bei Reims ergaben, läßt eher das Gegenteil vermuten... Fünfzig bis sechzig Millionen Tote... ganz genau weiß man es nicht... einige Millionen mehr oder weniger

spielen kaum eine Rolle. Man stellt sich immer Fragen... was hat den Menschen dazu gebracht... zu Auschwitz... zu Hiroshima? Es sollte doch zu denken geben, daß es sich hier nicht um eine vorübergehende Perversion gehandelt hat. Was die Massaker angeht, so ist man einfach in das industrielle Zeitalter eingetreten. Bis zum 19. Jahrhundert hat man auf eine handwerkliche Art und Weise getötet, zerstückelt und gequält. Himmler hat die Fließbandarbeit eingeführt. Das ist alles. Genau wie in den Schlachthäusern von Chicago. Ich sehe mich leider gezwungen zu glauben, daß, wenn andere Tyrannen der Geschichte... andere Ideologen die Mittel gehabt hätten, sie sich ungefähr auf die gleiche Weise der Unreinen, der Häretiker... all ihrer Feinde entledigt hätten. Torquemada, Cromwell, Robespierre... die Borgia... Savonarola... die Konquistadoren... die Liste wäre endlos lang.
Claudius verliert sich noch immer in den Details, in den Daten. Er verwechselt Waffenparaden mit Gefechten... Ulm... unsere Fahne auf dem Arlberg im Schnee. Wir verlieren uns in der Zeit unseres Heldenliedes. Seitdem ist viel Wasser den Bach hinuntergeflossen. Wir haben uns unseren kleinen Frieden gemacht, der umgeben war von mehr oder weniger unterschwelligen Kriegen. Überall hat man sich ein bißchen abgemurkst, in Afrika, im Vorderen Orient, in Lateinamerika. Anderswo juckt es die Leute immer noch, sich zu schlagen. Nur die Wasserstoffbombe hält sie paradoxerweise zurück. Ihre Anwendung wäre ein Bumerang. Das gibt zu denken.
Claudius ist noch bei den napoleonischen Kriegen, stelle ich bei seinen Ausführungen fest. Er erzählt mir von Dekorationen, Schilden, Insignien, Proviantwagen, Paraden... Zapfenstreich für die Toten... der ganze Firlefanz, die Riten und Girlanden des Krieges. Man stellt fest, daß das immer noch zählt... daß die Menschen, sogar bei ihren blutigen Bacchanalen, sich nicht von Dekorum und Ritual trennen können.

Unserem 8. Mai fehlte die Pracht ganz besonders. Ein glanzloses Ende der Feindseligkeiten, mit der Zeit verwässert... ein Feind, der sich zu vieler Verbrechen schuldig gemacht hatte, als daß ihm die Waffen mit den Ehren des Krieges hätten zurückgegeben werden können. Unser Stückchen Sieg, unsere Teilnahme daran, war viel zu geringfügig, als daß es das Desaster des Juni 1940 hätte aufwiegen können. Daher auch das Gefühl, daß nichts zu Ende war, daß das Feuer immer noch unter der Asche schwelte.
Vierzig Jahre später ist gewiß nichts geregelt. Der kalte Krieg zwischen Ost und West geht weiter. Wir leben wahrscheinlich in einer Art von Euphorie... das Dröhnen der Motoren und kreischende Musik, das Ende einer Welt. Das Gefühl, daß wir zwischen 39 und 45 einer allgemeinen Wiederholung beigewohnt haben. Ich würde mich gerne täuschen, ich wäre gerne ein blöder Pessimist. Ich wünsche mir alles Gute... aber...
Claudius beschwört die gefallenen Kameraden herauf. Gesichter, die sich im Nebel der Zeit, die vergangen ist, aufgelöst haben... ich erinnere mich nicht mehr an sie... Ich hätte einer von ihnen sein können. Wer würde sich heute an mich erinnern, außer Claudius und ein paar anderen Alten, mit ihrem Käppi, ihren blind gewordenen Orden und ihren alten Fahnen unter dem Arc de Triomphe? Würde der Zapfenstreich für die Toten des 8. Mai mich im Reich der Toten erreichen?

Judith Herzberg

Lieder

Ich erinnere mich an eine Geschichte, die so grauenvoll ist, daß ich mich schämen müßte, wenn sie sich nicht wirklich zugetragen hätte, denn dann hätte ich sie erfunden. Es kann auch sein, daß ich sie nur gehört und teilweise falsch verstanden habe. Ich war damals erst zehn Jahre alt. Jedenfalls habe ich sie mir so lebhaft vorgestellt, daß sie mir wahr erscheint, wenn ich daran denke. Ich denke nicht oft daran. Eigentlich nur, wenn von »Befreiung« die Rede ist. Am Wegrand lag der Bürgermeister des großen Dorfes, unter dessen Verwaltung unsere Siedlung stand. Er lag zwischen jenem Dorf und dem unseren, das kaum mehr war, als eine Kreuzung zweier Straßen inmitten der Wiesen. Die einzigen großen Gebäude waren eine Kirche und eine Schule, gleich daneben gab es einen Krämerladen und einen Bäcker und dann noch ein paar Häuser, die immer kleiner wurden und weiter auseinander lagen, je mehr man sich von der Kreuzung entfernte. Wo wir wohnten, hörte die Bebauung ganz auf – an einer Seite des Hauses sah man nur noch Grün, an der anderen grenzte unser Gehöft an einen größeren Nachbarhof.

Als ich vor fast zehn Jahren zum erstenmal seit Jahren wieder hinkam, begriff ich nicht, was geschehen war; neben der Kirche, wo früher die Schule gestanden hatte, gab es keine Schule mehr, sondern ein *altes* Haus. Und doch war es eine richtige altmodische Dorfschule mit zwei Klassen gewesen, eine Klasse für die Kleinen mit einer Lehrerin, die andere für die Großen mit einem Lehrer. Wer dreizehn wurde, hatte ausgelernt, dann begann die Arbeit. Es hatte auch einen Schulhof gegeben, mit einem Zaun oder einer Mauer und einem kleinen Tor. Sobald man auf dem Schulhof war, galten die Gesetze der Schule. So wurden wir zum Beispiel bestraft – und Strafe hieß Schläge –, wenn wir auf dem Schulhof etwas sangen oder sogar nur summten, das der Lehrer für unpassend hielt. Gassenhauer waren zum Beispiel verboten auf dem Schulhof; und patriotische Lieder wie *O schit'rende kleuren van Nederlands vlag* (O strahlende Farben von Niederlands Fahne) oder *Ferme jongens, stoere knapen* (Forsche Jungen, starke Burschen) hatten die Deutschen verboten, also sang man sie auf keinen Fall draußen. Dafür gab es ermahnende Klapse, für *Ouwe taaie* (Alter Langeweiler) eine kräftige Ohrfeige.

Drinnen im Haus sang ich oft mit fast geschlossenen Lippen, sozusagen als Trost. Alle Strophen des Wilhelmus-Liedes, der niederländischen Nationalhymne, und *Wien Neerlands bloed* (Wen niederländisch Blut), aber auch das deutsche »Die Gedanken sind frei, wer kann sie erraten, sie fliehen vorbei wie nächtliche Schatten, kein Mensch kann sie wissen, kein Jäger erschießen, ich bleibe dabei, die Gedanken sind frei«, wobei mich das gute Gefühl überkam, es müsse doch etwas für die Deutschen sprechen, wenn sie auch so etwas singen konnten; außerdem gewährte es mir, wie alles, was deutsch war, eine sonderbare Sicherheit. Setzte sich doch das Deutsche entgegen allen niederländischen Behauptungen durch! Deutsch war die Sprache der Stärkeren. Wie ich auf das Lied gekommen bin, weiß ich heute nicht mehr. Ich erinnere mich nur an die sonderbare Beruhigung, die ich empfand, wenn ich solche Lieder ganz leise vor mich hinsang. *Hoe lieflijk glijdt ons bootje* (Wie lieblich gleitet unser Boot) war erlaubt, das hatte uns der Lehrer selbst beigebracht. Obwohl es doch schauerlich endete: »Doch wer lustig will fahren, sei klug und wohlbedacht, manch einer fuhr im Boote, der tot ward heimgebracht.« Daß er immerhin nach Hause gebracht wurde, fand ich sehr anständig; dabei stellte ich mir natürlich die Grüne Polizei oder die SS vor, denn Kahnfahren war ja verboten. Ich hatte von Leuten gehört, die versucht hatten, nach England hinüber zu fahren und dabei erwischt worden

waren. Aber von Verstorbenen, die nach Hause gebracht wurden, hatte ich noch nie gehört.
Der Schulhof war weg, die Schule war weg, und ich begann mir gerade ernstliche Sorgen um mein gutes Gedächtnis zu machen, als eine freundliche Frau neben uns stehenblieb und fragte, was wir suchten. (Ich war in Begleitung eines israelischen Freundes, der mich zu dem Abstecher überredet hatte. Wir waren zufällig in die Gegend gekommen, und ich hatte auf den Ortsnamen gezeigt und gesagt: »Schau, dort war ich untergetaucht.«) Wir suchten eigentlich nichts, erklärte ich. Wir wollten uns nur ein wenig umschauen. Mein Freund wollte sehen, wo ich während des Krieges gewohnt hätte, sagte ich. »Oh«, sagte die Frau, »Dann bist du die Judith! Aber warum hast du dich seither nicht mehr sehen lassen? Und warum bist du nie mehr zu C. und S. gekommen? Sie fragen noch oft, wie es dir wohl geht und warum du nie von dir hast hören lassen!« Erstaunt und beschämt übersetzte ich es meinem Freund, der mich daraufhin freundlich zwang, C. und S. zu besuchen. Und was die Schule betreffe, sagte die Frau, die sei während des Krieges in diesem Haus gewesen. Es habe tatsächlich zwei Zimmer, die als Klassenzimmer benutzt worden seien, und davor sei der Schulhof gewesen. Nach dem Krieg sei eine neue Schule gebaut worden, und das Haus sei wieder ein Wohnhaus geworden.
Warum ich mich damals oder bei späteren Gelegenheiten nie nach dem Bürgermeister erkundigt habe, weiß ich nicht. Nicht, daß ich es nicht wissen möchte, ich getraue mich nur nicht, danach zu fragen. Die Frage, die ich bei einem meiner späteren Besuche an C. und S. gestellt habe, galt vielmehr jener Katze. Ich habe einmal ein Gedicht über sie geschrieben und mich beim Schreiben von der Richtigkeit meiner Erinnerung überzeugt. Wenn ich später gelegentlich Gedichte vorlesen mußte, las ich oft gerade dieses Gedicht vor in der Hoffnung, möglicherweise könne mir jemand aus dem Publikum

sagen, wo der Alptraum begann und wo die Wirklichkeit aufhörte.
Es war eine Katze, die damals die Katzenkrankheit bekommen hatte, und nach einem alten Brauch in jener Gegend hatte man ihr die Ohren und den Schwanz abgeschnitten. »Ja«, sagte S., als ich sie danach fragte, »ich erinnere mich, daß meine Mutter das immer bei kranken Katzen machte, aber ich wußte nicht mehr, daß wir das selber auch noch gemacht haben.«
Nie werde ich genug mit C. und S. reden können. Nie werde ich ihnen genug danken können. Als wir uns zum ersten Mal wiedersahen, erzählten sie mir, was sie seither über mich gedacht hatten. In all den Jahren, in denen ich nichts von mir hatte hören lassen, hatten sie das Gefühl gehabt, daß sie nicht genügend Verständnis für mich aufgebracht hätten. Als ihre eigenen Kinder 9 Jahre alt waren, sei ihnen erst klar geworden, wie jung ich gewesen war, während sie damals, als ich zu ihnen kam, eigentlich von mir erwartet hatten, daß ich mich wie ein Erwachsener verhielt.
Ihr Haus hatten sie unterdessen umgebaut, die Alkoven waren weg, und wo früher ein Tisch auf einem rohen Steinboden gestanden hatte, war jetzt eine moderne Küche. Dort hatte ich am ersten Morgen gesessen, sie wie auch ich in der Annahme, daß ich nur für ein paar Tage bleiben würde. S. schälte gerade Kartoffeln. Ich hörte dem Gespräch der Erwachsenen zu und beobachtete die Kartoffeln, die sich rasch in ihren Händen drehten, wobei sich immer ein reines, glänzendes Stückchen Beinahe-Weiß zeigte, das bei der nächsten Bewegung wieder schmutzig wurde. Als ob an jenem Morgen endlos viele Kartoffeln durch ihre Hände gegangen wären. Ich war weiter von den Eltern fort, als ich je zuvor gewesen war, und war doch nie eine Heldin bei auswärtigen Logierbesuchen gewesen. Ich überlegte, ob sie mich jemals wiederfinden würden, so weit weg von Amsterdam, ja, sogar von

Groningen. Ich wußte nicht, wo sie waren, konnte sie also meinerseits nicht suchen.
Um 12 Uhr wurden die Kartoffeln gegessen. Ich bekam einen Teller voll Soßenersatz vor mich hingestellt, dazu eine Gabel. Die Kartoffeln standen mitten auf dem Tisch. Es wurde ein Gebet gesprochen. Ich faltete ebenfalls die Hände, schlug die Augen nieder und sprach die katholischen Ave-Maria mit, die ich noch von meinem früheren zeitweiligen Zuhause her kannte. Das gab mir nicht nur das Gefühl einer eigenen Kontinuität, sondern war auch ein Widerstand gegen die Kompliziertheit der vielen verschiedenen Glaubensbekenntnisse.
C. streute viel Pfeffer über seine Soße. Jeder von uns nahm mit der eigenen Gabel eine Kartoffel und tunkte sie in die Soße auf dem Teller. Es gab zwar genug Kartoffeln, aber einige waren süß und glasig, und etwas anderes gab es nicht. Ich mußte immerfort auf meinen Teller schauen. Sobald ich zu C. oder S. aufblickte, sagten sie: »Schau auf deinen Teller.« Ich dachte, sie sagten das wegen meiner braunen Augen. Ich war mir bewußt, daß meine Augen sie und mich in Gefahr bringen konnten.
Ich glaube, daß beim ersten Mal auch A. mit am Tisch saß. Ich hatte A. noch nie gesehen, bevor sie mich hinten auf ihrem Rad aus der Stadt zu C. und S. gebracht hatte. Sie hatte etwas Vertrautes für mich, denn sie sprach Niederländisch auf dieselbe Weise wie meine Eltern. Ich beging einen groben Fehler, als ich auf eine Frage von S. *»ik wiet naait«* statt *»ik weet niet«*, ich weiß nicht, antwortete. Ich glaubte Groninger Platt zu sprechen, was es auch war, aber nicht von dieser Gegend. Es kam mir vor, als hätte ich etwas tödlich Beleidigendes gesagt; als ob »Platt« überall dasselbe wäre! Ich wußte nicht, wie ich das wieder gutmachen sollte. Ich wußte auch nicht, wie ich die Tatsache, daß A. mich nach ein paar Tagen nicht abholte, wieder gutmachen konnte. Man hatte mich einfach hierher gebracht.
In der Widerstandsbewegung war bekannt, daß C. ein illegales

Radio auf dem Dachboden stehen hatte, mit dem er die BBC abhörte. Man hatte ihn gebeten, mich für ein paar Tage in sein Haus aufzunehmen, weil man mich verraten hatte und ich nicht länger bleiben konnte, wo ich war. Da es sich nur um ein paar Tage handeln sollte, hatte C. zugestimmt. Die Sache mit dem Radio hatte ich gleich am ersten Abend mitbekommen, was keineswegs beabsichtigt war. Ein Radio und dazu noch ein untergetauchtes Kind, das war zu viel. S., die hochschwanger war, wurde immer ängstlicher bei dem Gedanken, daß eines von uns beiden entdeckt werden könnte, denn in dem Fall wäre C. sicherlich erschossen worden. Ein Kind, das von dem Radio wußte, war geradezu lebensgefährlich. Falls dies ironisch klingt, so ist das nicht beabsichtigt. Als nach ein paar Wochen die Entbindung vorbereitet wurde und eine fremde Frau ins Haus kam, mußte ich fort.
Neben uns wohnte ein Mitglied der NS-Bewegung, mit dessen rothaariger Tochter, die zugleich seine Enkeltochter war, ich enge Freundschaft geschlossen hatte. Dorthin konnte ich natürlich nicht. Uns gegenüber wohnte R. in einem Haus, das aus zwei kleinen Zimmern und einem Dachboden bestand. R. war Schneider und hielt außerdem Hühner. Seine Haushälterin, W., wohnte mit Tochter und Enkelin im selben Haus. Es muß ziemlich voll in dem Häuschen gewesen sein, aber alle Konflikte wurden sofort durch Ohrfeigen geklärt, damit die Luft wieder rein war – kein Schmollen oder Übelnehmen –, ein Klaps oder eine Tracht Prügel, und das Gewitter war vorbei.
Es gab nicht viel mehr zu schneidern, denn es gab keinen Stoff zu kaufen. Die Bauern brachten nur noch ihre Anzüge, um sie wenden zu lassen. Dazu mußten die Nähte aufgetrennt und die Anzüge wieder genauso, nur anders herum, zusammengenäht werden. Die Innenseite glänzte nicht und war so gut wie neu. Auch das Futter wurde ausgebessert und wieder verwendet. Ich war so geschickt beim Auftrennen, daß alle

meinten, ich sollte das Schneiderhandwerk erlernen. Aber ich wollte Ärztin werden. Das sagte ich natürlich nicht.
Ab und zu durfte ich noch zu C. und S. kommen. Mein Kätzchen blieb bei ihnen, bis es starb. Bei R. bekam ich ein blindes weißes Kaninchen, das später gegessen wurde. In das Haus von R. kam noch sein Enkelsohn, der aus Rotterdam evakuiert worden war. Ein hübsches neues Wort, Evakuierte, plötzlich hörte man es überall, also wurde ich es auch. Der Enkelsohn, den ich D. nennen will, war etwa so alt wie ich und machte nachts noch ins Bett. Ins Bett von R. also, denn er schlief bei seinem Großvater. Wir schliefen alle zu zweit in einem Bett, sei es wegen der Wärme oder weil es nicht genug Platz und Decken gab. Ich schlief bei G. auf dem Dachboden. G. war die Tochter von W., die den Haushalt besorgte. Wenn ich abends im Bett weinte, schimpfte G., ich sei dumm und idiotisch, und M. sagte immer, ihre Eltern seien längst tot und begraben, ich solle also nicht um meine Eltern jammern, die vielleicht noch irgendwo lebten.
Wenn das eingenäßte Bett kalt wurde, wachte R. auf, und dann bekam sein Enkel mit der Bettplanke Schläge auf den nackten Hintern. Das ist ein loses Brett an der Vorderseite, das das Bettgestell verstärkt.
Von dem Schreien, dem Quieken eines Schweines beim Kastrieren sehr ähnlich, wurde ich wach. Dann nahm G. mich in die Arme und küßte mich, als sei ich ihr Mann. Er war auf rätselhafte Weise verschwunden, an die Front. Das war auch etwas, wonach ich nie gefragt habe.
Ich gewöhnte mich daran, mochte es sogar. An G., die ihre eiskalten Füße an meinem Bauch wärmte, an das Geschrei von D., Dinge, vor denen ich mich zuerst geekelt hatte, wurden normal. Zum Beispiel, daß wir uns alle in demselben Zinkeimer wuschen, mit demselben Wasser und demselben Lappen. Zuerst der alte Mann, dann die Haushälterin und danach ihre Tochter und die Kinder. Der nasse Lappen wurde

als Waschlappen benutzt und diente ausgewrungen als Handtuch. Außerdem wurde er zum Geschirrspülen benutzt. Auf diese Weise gab es nur wenig überflüssige Dinge im Haus, und das Zusammensein erhielt langsam aber sicher etwas Selbstverständliches. Ich begann mich sogar gegen den Gedanken zu wehren, daß der Krieg eines Tages vorbei sein würde; denn, so dachte ich zu Recht, dann würde ich nicht mehr »dazu« gehören. Mittlerweile redete ich wie alle anderen, sozusagen eine neue Sprache; ich spielte so gut, daß ich dazu gehörte, daß wir es alle beinahe glaubten. Der Winter war lang und streng, und es gab wenig zu essen, aber Kartoffeln waren immer da. Hühnerfleisch aßen wir nie, wohl aber hin und wieder ein Ei. Eier waren buchstäblich Gold wert, also wurden die meisten verkauft. Ab und zu durfte ich auf einer Speckschwarte kauen, die eine reiche Bauerntochter mir zuliebe aus dem Mund nahm. Es war wie bei Kaugummi: je kürzer der andere darauf gekaut hatte, desto mehr Geschmack gab es. Manchmal bekam ich von einem reichen Kind eine Handvoll Getreidekörner zum Kauen. Wenn man sie nicht hinunterschluckte, konnte man sie einen ganzen Vormittag lang genießen. Hin und wieder kauten wir auch Talgkerzen.

Als die Frau des Pastors durchs Eis brach, hörte man wohlerzogene kleine Schreie von ihr aus dem Eisloch, die mich mit Sehnsucht nach meiner Mutter erfüllten. Mit einer Leiter, die man auf das Eis legte, wurde sie ins Trockene gebracht. Wir liefen in Socken auf hölzernen Schlittschuhen, die ganz locker festgebunden wurden. Als es zu tauen begann, vertrieben wir uns die Zeit mit Eisschollenspringen, einem Sport, in dem ich zu meinem Erstaunen die anderen übertraf. Man durfte die Eisscholle nur ganz kurz berühren und nicht schwer darauf stehenbleiben. Ich fühlte mich schweben und nahm mir vor, von nun an alles mit solcher Leichtigkeit zu machen.

Es wurde Frühling und Frieden. D. und ich sahen den Anschlag an einem Pfahl, als wir aus der Sonntagsschule kamen. D. rannte nach Hause und hatte schon einen Gulden bekommen, als ich hereinkam. Ich war absichtlich langsam gegangen, um nachzudenken. Wohin sollte ich jetzt gehen. Ich wußte nicht, wer noch am Leben war.

Man sprach über meinen richtigen Namen und sagte, daß ich jetzt wieder Judith Herzberg hieße, aber Juut gefiel mir besser, und ich wollte nicht fort. Die Kühe wurden wieder auf die Weide getrieben, und wir spielten bei den Bauern im Stall mit Puppen. Ich brauchte nicht mehr zu lügen, und meine Freundinnen fanden es nicht schlimm, daß ich eine andere war als die, für die sie mich gehalten hatten, im Gegenteil, sie fanden es sogar interessant. Arm in Arm liefen wir in langen Reihen über die ganze Straßenbreite – es gab noch keinen Verkehr. Einmal hörten wir, daß irgendwo weit von hier die Kanadier vorbeifahren würden. Wir nichts wie hin. Und da waren sie, in Jeeps und anderen merkwürdigen khakifarbenen Autos. Alle Kinder rannten hinter ihnen her. Sie fuhren zwar nicht schnell, aber um mit ihnen mithalten zu können, nahmen wir unsere Holzschuhe in die Hand und liefen auf Socken neben ihnen her. Für zerrissene Socken gab es Schläge, das war nun mal so, aber in diesem Augenblick kümmerte sich kein Kind darum. Bekamen wir damals Schokolade? Plötzlich gab es Schokolade.

Ich saß auf einem Holzgatter vor der Weide. Ich wollte allein sein, um den Geschmack ganz tief in mich eindringen zu lassen. Schokolade hatte etwas mit früher und Frieden zu tun. Ich ließ sie langsam im Mund zergehen. Ich dachte: »So wunderbar wird es nie wieder sein.« Ich liebte die Weide, ich kannte alle Leute und hatte nichts zu tun, als den Geschmack auszukosten. Aber mir war klar, daß mein Leben sich wieder verändern würde. Ich fürchtete mich vor dem Abschied und sang: »My body is over the ocean, my body is over the sea, oh bring back, bring back, bring back my body

to me.« Aber ich muß noch etwas zum Tag der Befreiung sagen.
Soll ich nun zum Archiv für Kriegsdokumentation gehen und nachforschen, was er im Krieg begangen hat? Im Grunde will ich es immer noch nicht wissen. Er lag am Wegrand, weit weg von da, wo wir wohnten, weiter als ich jemals gekommen war, mit zertrampeltem Schädel. Bauern standen um ihn herum und pißten auf den Schädel, es dampfte und spritzte. Wenn es nicht wahr ist, wäre es eine sonderbare Phantasie für ein so kleines Mädchen. Aber was man in jenen Tagen hörte, war alles sehr sonderbar, und klein war ich eigentlich auch nicht mehr.

Stefan Heym

1945

Da wäre nicht nur der Tag zu beschreiben, an dem verkündet wurde: Friede!
Der Sieg war vorher schon klar, nur der Krieg schleppte sich weiter hin, blutig und grausam, wie er von Anfang an gewesen war: als müßte ein Pensum absolviert werden bis hin zu der widerlichen Götterdämmerung unten im Bunker in der Wilhelmstraße.
Der Sieg war schon klar, als der Mann starb, der es verdient hätte, den Tag des Friedens mitzuerleben. Ich erinnere mich meiner Gefühle, als die Nachricht vom Tode Roosevelts kam, des Würgens in der Kehle, des Brennens in den Augen. Dabei wußte man von seiner Krankheit, aber man hatte gehofft und gedacht: nicht so bald, der Mann wird noch gebraucht; der Friede, der da kommt, wird ohne ihn weit schwieriger werden. Er hatte eine Konzeption, er sah nicht nur ein Land, nicht nur sein Land, er sah die Welt, die Welt nach Hitler.
Auch Lincoln war es nicht vergönnt gewesen, den Frieden zu gestalten nach dem Krieg, den er geführt hatte; aber er hatte den Anfang des Friedens wenigstens erlebt und in Gettysburg sein Programm gegeben für die Zukunft: Government of the People, by the People, for the People. Gettysburg war mir vertraut; mehrere Monate lang hatten wir dort auf dem Schlachtfeld kampiert, in einer Baracke, dauernd in Sicht der Gräber eines Krieges, der gleichfalls für das Recht der Menschen auf Freiheit gekämpft worden war, und waren geschult worden in der Anwendung einer neuen, noch kaum erprobten Waffe: Ideen.
Gettysburg hat vieles geprägt, auch vieles in meinem Bewußtsein. Für Roosevelt jedoch gab es keine Gettysburg-Rede mehr, weder dort noch irgendwo anders erhielt er die Gelegenheit, den Sinn des Krieges darzulegen, den wir in

diesen Jahren geführt hatten, und die Perspektiven aufzuzeigen für eine bessere Zukunft.
Statt dessen lief die Maschine ohne ihn weiter, bis sie knirschend zum Stillstand kam, bei Torgau an der Elbe, mit den brüderlichen Umarmungen.
Und dann: Fragezeichen.

*

Doch an dem Tag im Mai 1945, als das lang ersehnte Wort *Kapitulation* über den Äther kam und damit der Friede wirklich und wahrhaftig in Europa einzog, verblaßte das Fragezeichen plötzlich, ein unwesentlicher Schnörkel, nicht wert, im Denken bewahrt zu werden. Der Druck war gewichen, der seit 1933 auf mir gelastet hatte, seit jenem Reichstagsbrand und meiner Flucht von einem Berliner S-Bahnhof aus, und ich fühlte mich wie der Mann im Märchen, dem der eiserne Ring ums Herz endlich gesprungen war.
Ich befand mich allein in meinem Quartier in Nauheim, ich hatte Spätdienst gehabt in der vorhergehenden Nacht, und man hatte mich länger schlafen lassen; doch irgendwie mußte ich mitteilen, weithin hörbar und auf der Stelle, daß etwas Großes, Wunderbares geschehen war, und so nahm ich denn meine Pistole und feuerte sämtliche Patronen darin in die Luft, ein Feuerwerk für mich, aber auch für alle, deren Ohr es erreichte; denn für was sonst als Feuerwerk würde von heute an das ganze Kriegszeug noch zu gebrauchen sein?
Ein momentaner Überschwang, sicher, und eine Naivität bei einem Mann von über dreißig, der seit den Tagen der Invasion in der Normandie dauernd in Aktion gewesen war und nun als Redakteur an einem Halbdutzend Zeitungen Dienst tat, die die amerikanische Armee für die Bevölkerung in den von ihr besetzten Teilen Deutschlands herausgab. Aber mochte nicht auch dieses Augenblicksgefühl von Glück seine Berech-

tigung haben? *Peace,* Friede – das war doch, wofür wir gekämpft hatten, ein Friede, in dem Menschlichkeit, Demokratie, soziale Gerechtigkeit oberster Grundsatz sein und die Völker zum gemeinsamen Wohl zusammenwirken würden. So oder ähnlich hatte ich es auch formuliert in den Flugblättern und Frontzeitungen, die unsere Artillerie über den deutschen Linien und unsere Flugzeuge hinter diesen Linien abwarfen. Und das war kein Zynismus gewesen; wohl hatte ich von vorgesetzter Stelle nie irgendwelche konkreten Angaben über amerikanische Kriegsziele erhalten und keinerlei Instruktionen, was da zu schreiben wäre, aber meine Texte waren höheren Orts gebilligt worden, und man hatte mich gewähren lassen.
Ich hatte ein Recht zu glauben, daß dieser Friede der Anfang einer neuen, besseren Zeit sein würde, und ich weiß, daß ich nicht der einzige war, der diesen Glauben hegte.

*

Dann kam der Besuch beim General.
General McClure saß in Berlin, wo die Amerikaner vor kurzem erst eingerückt waren, und hatte das gesamte Presse- und Propagandawesen für die deutsche Bevölkerung in der US-Zone unter sich. Ich kam eher zufällig nach Berlin; ich hatte mir von meinem Chef, Hans Habe, damals war er noch Captain, ein paar Tage freigeben lassen; ich wollte die Stadt wiedersehen, die in meinem Leben keine unbedeutende Rolle gespielt hatte, wollte versuchen, Menschen wiederzufinden, die ich vor 1933 gekannt hatte, und das Unternehmen brauchte eine militärische Legitimierung: daher also der Rapport bei McClure.
Ursprünglich sollte ich fliegen; aber das Wetter in Frankfurt war ungünstig, die Stunden vergingen, die Maschine wurde aufgehalten. Unter den Mitpassagieren, die da in einem trü-

ben Warteraum saßen, befand sich ein mir bekannter Oberst, derselbe, der mir später dann als Modell für den DeWitt im *Bitteren Lorbeer* diente; der Oberst hatte seinen Dienstwagen, eine riesige Limousine, noch am Flugplatz stehen, und er lud mich ein, mit ihm und einigen anderen Herren auf der Autobahn nach Berlin zu fahren.

Es war eine merkwürdige Reise. Die Gespräche im Wagen, die zunächst normal gewesen waren, erstarben allmählich; eine Spannung wurde fühlbar, die erst brach, als der erste russische Kontrollpunkt, jetzt an der thüringischen Grenze noch vor Eisenach, passiert war. Jemand ließ eine Flasche Kognak kreisen, die Konversation lebte wieder auf, man sprach, lässig und ohne großes inneres Engagement, von deutscher Zukunft, das Wort Teilung fiel, und ich meinte, so etwas könne sich doch wohl nur auf Administratives beziehen, die Frage sei, welche Art von sozialer Ordnung dem Lande zu geben wäre, angesichts der Tatsache, daß Schwerindustrie und Banken für alle sichtbar mit dem nationalsozialistischen Regime paktiert, ja, es eigentlich so recht in den Sattel gehoben hätten; der Oberst hüllte sich in Schweigen. Schließlich sagte er, er werde jetzt den Fahrer ablösen; der Fahrer rückte auf den Nebensitz und schlief prompt ein. Hinter Potsdam dann, die Nacht war schwarz, der letzte sowjetische Kontrollpunkt. Der weiße Keil einer Taschenlampe, von Gesicht zu Gesicht huschend; ein Russe blickte in den Wagen, eine Handbewegung, weiter; wieder ein Schlagbaum, aber nun die vertrauten Helme der GI's. Im Wagen sprach man von Berlin, als wäre es ein Amusement Center à la Atlantic City, mit den Ruinen als Kulisse; aber man werde ja im Grunewald Quartier haben, dort sei das meiste heil geblieben.

In der Villa im Grunewald gab es tatsächlich eine Bar. Wir saßen dort, mehr als ein Dutzend Offiziere, Militärregierung und verwandte Dienste, und tranken, Scotch die meisten, und redeten über die Schwierigkeiten bei der Arbeit mit den Russen. Es sei mit ihnen kaum auszukommen, wurde gesagt, eine deutlich feindselige Haltung sei häufig zu bemerken. So weit wolle er nicht gehen, wandte ein anderer ein, aber es mangele an gegenseitigem Verständnis, in fast allen Fragen gebe es diametral entgegengesetzte Auffassungen und wenig Kompromißbereitschaft, außerdem hätten die Russen ihre Deutschen überall schon in die Schlüsselpositionen geschoben, im öffentlichen Dienst, in der Kultur, sie hätten ja auch genug Zeit dafür gehabt, als sie Berlin noch alleine beherrschten, und nun stünden wir da und müßten verspätet versuchen, uns durchzusetzen. Ich erwähnte etwas von dem Bündnis, das sich doch immerhin bewährt hätte, und daß es doch möglich sein müsse, auch gemeinsam weiterzuarbeiten. »Gott erhalte Ihnen Ihren Kinderglauben, Lieutenant!« wünschte mir einer, das Glas erhoben.

Die Sache beunruhigte mich, ich schlief schlecht während des Rests der Nacht. Ein weiterer Grund für meine Unruhe war die Begegnung mit Professor Hildebrandt, die für den kommenden Vormittag verabredet war. Paul Hildebrandt, damals Rektor des Schliemann-Gymnasiums in Berlin und Berater für pädagogische Fragen im Pressehaus Ullstein, hatte mich 1931 in seiner Schule aufgenommen, nachdem ich wegen eines Gedichts gegen die Reichswehrgenerale vom Staatsgymnasium in Chemnitz relegiert worden war. Trotz seiner Jahre hatte er das Konzentrationslager, in das die Nazis ihn später brachten, überlebt und war, wie mir Captain Wallenberg, gleichfalls ein ehemaliger Ullstein-Mann, mitgeteilt hatte, von ihm in Berlin aufgefunden worden.

Ich war auf einiges vorbereitet; dennoch erschrak ich, als ich den alten Herrn wiedersah, einem Skelett eher ähnelnd als einem Menschen aus Fleisch und Blut; dabei, so sagte er, gehe es ihm jetzt relativ gut, Wallenberg habe dafür gesorgt, daß er ein Zimmer hatte und zu essen bekam. Wir sprachen von den alten Zeiten, die Rede kam auf unser zufälliges Zusammentreffen auf der Tauentzienstraße, am Abend des Reichstagsbrandes, als ich, impulsiv wie ich war, sofort behauptet hatte, der Brand müsse – cui bono! – von den Nazis gelegt worden sein, während er erwiderte, nein, eine deutsche Partei könne zu einem solchen Verbrechen nicht fähig sein und es wären wohl die Kommunisten gewesen. Dann, zögernd, berichtete er über einige seiner Erlebnisse im KZ, die Hände zitterten ihm dabei, und ich bat ihn endlich, innezuhalten, und machte uns Kaffee und gab ihm die Schokolade, die ich ihm mitgebracht hatte, und den stärkenden Wein, und lenkte das Gespräch auf die Zukunft, die Zukunft in Deutschland, an der er, mit seiner großen pädagogischen Erfahrung, doch mitzuwirken hätte.

Er schüttelte den Kopf. »Nicht unter den Russen.«

»Ohne die Russen«, wandte ich ein, »die den Großteil der Nazi-Divisionen vernichteten, wären Sie irgendwann elend verreckt in einem KZ.« Und fügte hinzu, daß meiner Auffassung nach die Zukunft Deutschlands von den Alliierten gemeinsam bestimmt würde, in Zusammenarbeit mit demokratisch gesinnten Deutschen, wie er einer war.

Wieder das Kopfschütteln.

Ich dachte, wie tief die Propaganda des Dr. Goebbels doch gewirkt haben mußte, wenn selbst ein Mann wie der Professor, mit all dem, was er hinter sich hatte, sich nicht von derartigen Vorurteilen befreien konnte. Oder war es eine Art Altersstarrsinn, der ihn auf der Haltung beharren ließ, die er, zwölf Jahre waren es nun her, auf der Tauentzienstraße gezeigt hatte? Oder war da etwas geschehen, von dem ich nicht wußte und das er mir nicht erklären konnte? Jedenfalls blieb plötzlich nicht mehr viel miteinander zu besprechen; außerdem wurde es Zeit für den Rapport beim General. Ich umarmte Hildebrandt noch einmal und spürte schmerzlich, daß dies das letzte Mal sein würde, daß ich ihn sah.

Mir ist, rückblickend, das Gespräch mit General McClure viel weniger deutlich als das mit dem Professor und ein drittes, das ich in dem langen, hell getünchten Korridor führte, durch den man das Vorzimmer des Generals erreichte. Dort nämlich stellte sich ganz unerwartet Captain Wallenberg ein, nahm mich beim Ellenbogen, und, Arm in Arm, als seien wir die engsten Freunde, promenierten wir in diesem Korridor auf und ab, während er mir von seinen Abenteuern in Nordafrika und später in Italien berichtete, wo er, der 5. US-Armee beigeordnet, eine ganz ähnliche Arbeit verrichtet hatte wie ich an der Westfront, bis er jetzt zum Chefredakteur der in Berlin erscheinenden, von der amerikanischen Armee herausgegebenen *Allgemeinen Zeitung* ernannt worden war. Wallenberg war ein glänzender Erzähler, witzig, seine Pointen saßen, und ich bedauerte nur, daß meine Anekdoten seinem Ohr höchst simpel und prosaisch klingen mußten; trotzdem hörte er mir anscheinend gespannt zu, und wo ich Meinungen von mir gab, nickte er, und aus dem Blick seiner blauen, über den Bäckchen tief eingebetteten Augen sprach Anteilnahme. Schließlich schien er genug gehört zu haben; er richtete sich auf, gab mir einen Klaps auf die Schulter und sagte, die Stimme senkend: »Wissen Sie, wenn Sie hier vorankommen wollen, und das wollen Sie ja wohl, dann geben Sie Ihre kommunistischen Flausen auf.«
Womit er verschwand. Auch im Vorzimmer des Generals war er nicht, dort saß nur ein gelangweilter Sergeant. Der General, dem ich dann gegenüberstand, hatte eine dünne Mappe vor sich auf dem Tisch liegen; ob die Papiere darin sich auf mich bezogen, blieb unklar, und er nahm auch keinen Bezug darauf; er ließ sich von mir nur bestätigen, was er ohnehin zu wissen schien; an irgendwelchen Vorschlägen zur Verbesserung der Arbeit der von der amerikanischen Armee publizierten deutschsprachigen Blätter, die zu machen ich bereit war, zeigte er kein Interesse; sobald ich davon anhub, strich er sich

über die graumelierten Schläfen und lächelte sein dünnes, aristokratisches Lächeln und sagte: »All right, Lieutenant, submit it through channels«, auf den Dienstweg also verwies er mich.

Dann erhob er sich. Ich salutierte, machte auf dem Absatz kehrt und ging.

Ein eingespielter Apparat. Wie lange war schon Friede in Europa? Zwei Monate, zweieinhalb? Was hatte sich da inzwischen etabliert!

★

Fräulein Elsbeth arbeitete als Redaktionssekretärin in der Abteilung Außenpolitik und Kultur der Münchener *Neuen Zeitung*, die nun, anstelle der bisherigen Vielfalt von Blättern, sozusagen als Zentralorgan der US-Armee in ihrer Besatzungszone erschien. An dem Sonntag, nachdem die Atombombe über Hiroshima abgeworfen worden war, machte ich einen Ausflug mit Fräulein Elsbeth in die Berge. Wir fuhren, von München aus, mit der Lokalbahn, die wieder funktionierte; wir fuhren bequem in dem für amerikanisches Militär reservierten Wagen, wir hatten das ganze Abteil für uns, und ich packte die belegten Brote aus.

Fräulein Elsbeth war mir zugetan. Blond, von gezügeltem Temperament und zuverlässig in allem, sah sie in mir einen der Sieger, und zwar einen, durch den sie in bescheidenem Maße an den Privilegien des Sieges teilnehmen durfte; aber sie sah, und schätzte, auch den väterlichen Freund, der ihr Antworten geben konnte auf die Fragen, die sich in ihrem Hirn so zahlreich gebildet hatten, nachdem die Gedankenmuster, mit denen sie großgeworden war, so ganz und gar zerbrochen waren. »Aber ist das nicht ein großes Unrecht?« wollte sie wissen. »So viele Hunderttausende, wie durch einen Blitz vom Himmel, und alle verbrannt?«

Ich dachte an andere Hunderttausende, die auch verbrannt worden waren, und ich dachte an meinen Stiefsohn, der als Artilleriebeobachter einer amerikanischen Infanterie-Division im Einsatz gewesen war und nun mit seiner Einheit nach dem Pazifik unterwegs war, zu jener Front, an der noch immer geschossen wurde.
»Es sieht aus«, sagte ich, »als werde die Bombe dem Krieg gegen Japan ein Ende setzen und so wer weiß wie vielen Menschen, darunter auch Amerikanern, das Leben erhalten.«
Fräulein Elsbeth schwieg.
Draußen, vor dem Fenster des Abteils, schwankten die dunklen Tannen vorbei. Auch in Deutschland, dachte ich, lagen die Städte in Ruinen, und hatten die Bomben das Ende beschleunigt? Aber diese, mit dem Rauchpilz am Himmel, war ungleich gewaltiger gewesen als selbst die über Dresden: eine neue, fürchterliche Qualität.
»Es wird die Kriege nur noch schrecklicher machen«, sagte sie plötzlich.
»Wenn wir, die wir die einzigen sind, die die Bombe haben, es zulassen, daß je wieder ein Weltkrieg geführt wird«, sagte ich und bot ihr ein Brot an.
Sie schien das Brot nicht zu sehen. »Ist so eine Bombe nicht gerade eine Verlockung zum Kriege?« fragte sie. »Ich stelle mir vor, wenn Hitler der einzige gewesen wäre, der sie gehabt hätte – die große Wunderwaffe, von der Goebbels immer sprach.«
»Es ist aber nicht so gekommen«, sagte ich, »und es steckt eine historische Logik dahinter, daß es nicht so gekommen ist und daß nicht die Nazis die Wunderwaffe gehabt haben, sondern wir.« Und dachte zugleich: was aber erkläre ich ihr, wenn sie verlangt, daß ich ihr diese Logik begründe? Daß die Demokratien auf geistigem Gebiet überlegen sind, weil sie dem Intellekt mehr Freiheit lassen und die Wissenschaft nicht in eng umschriebenen Bahnen halten? Oder daß Gott am

Ende immer auf seiten der stärker entwickelten Ökonomie steht? Oder, ganz simpel, daß Hitler die jüdischen Physiker vertrieb?

Fräulein Elsbeth verlangte aber derartige Erklärung nicht von mir. Vielleicht kam es ihr nicht in den Kopf, die von mir zitierte historische Logik in Frage zu stellen; vielleicht auch wollte sie, diskret wie sie war, mich nicht in Verlegenheit bringen. Vielmehr sagte sie: »Und glauben Sie nicht, daß die Bombe, einmal erfunden, auch von anderen gebaut werden könnte? Und woher wollen Sie wissen – entschuldigen Sie, als Deutsche habe ich wohl kaum ein Recht zu der Frage – woher wollen Sie wissen, daß für alle kommenden Zeiten die Bombe bei Ihrer Regierung in den besten Händen sein wird?«

»Dafür wird das amerikanische Volk schon sorgen«, sagte ich. Aber ganz so selbstsicher, wie die Antwort an Fräulein Elsbeth klang, fühlte ich mich dabei nicht.

*

In alten Papieren blätternd, fand ich, was ich im Oktober 1945 in der Münchener *Neuen Zeitung* anläßlich der Gründung der UNO schrieb:

Die Planung der Organisation der Vereinten Nationen ist zum großen Teil das Werk des verstorbenen amerikanischen Präsidenten Roosevelt, aber das Werk selbst wäre nicht zustande gekommen, wenn nicht die friedliebenden Nationen aus dem Zweiten Weltkrieg gelernt hätten, daß kein Volk sich isolieren und Politik ohne Rücksicht auf die anderen Völker treiben kann, mit anderen Worten, daß der Friede unteilbar ist und nur erhalten werden kann, wenn man ihn bewußt organisiert und verteidigt.

Es sollte das Letzte sein, was von mir in dem Blatt erschien. Ich wurde zu Hans Habe, inzwischen war er zum Major avanciert, gebeten, und liebenswürdig wie immer entwickelte

er mir die Linie meines nächsten Leitartikels: ich sollte die neueste Rede des amerikanischen Außenministers Byrnes und die Äußerungen einiger anderer Prominenter interpretieren, und zwar besonders in Hinsicht auf die künftige Zusammenarbeit der USA mit der Sowjetunion.
Habe, Autor des damals sehr bekannten Buches *A Thousand Shall Fall*, saß nicht zu Unrecht auf dem Stuhl des Chefredakteurs der *Neuen Zeitung;* er war ein Journalist von Format, mit immer neuen Ideen; ohne ihn wäre die psychologische Kriegsführung der amerikanischen Armee weniger phantasievoll und daher weniger schlagkräftig gewesen. Daß er in vielen Farben schillerte, eines Nachts gestand er mir sogar, daß er innerlich noch viel weiter links stünde als ich, machte ihn erst recht interessant.
»Nun«, sagte er, »habe ich Ihren Artikel heute abend?«
»Major«, sagte ich, »wenn ich den Artikel so schreibe, wie Sie ihn mir darlegten und wie ich ihn verstanden habe, bedeutet das einen direkten Angriff auf die Sowjetunion und, von einem offiziellen Blatt der amerikanischen Armee kommend, eine neue Politik, weg von der Allianz, die den Faschismus geschlagen hat.«
»Und?«, fragte er.
»Das bekommen Sie nicht von mir.«
Habe hatte etwas hervorquellende Augen, eine Eigenheit, die besonders auffiel, wenn er wütend wurde. »Dann gebe ich Ihnen den dienstlichen Befehl«, sagte er.
»Sir«, sagte ich, und mir war nicht sehr wohl zumute, »Sie können mir befehlen, einen bestimmten Artikel zu schreiben, und ich bin nicht so selbstmörderisch, den Befehl zu verweigern. Aber der Artikel wird dann so ausfallen, daß Sie ihn kaum werden drucken wollen.«
Er schluckte. Dann sagte er, traurig eher als im Zorn: »Sie machen einen Fehler.«
Möglich, daß er damit sogar recht hatte. Vielleicht waren

seiner Forderung Entwicklungen vorausgegangen, die ich nicht kannte, und mein Artikel war nur als eine Reaktion auf Mißhelligkeiten gedacht, die von der anderen Seite kamen, als ein Signal, eine wohlgemeinte Mahnung; vielleicht hätte ich in dem Artikel auch, gegen meinen Instinkt schreibend, mildere Töne anschlagen, ihn versöhnlich ausklingen lassen können. Aber ich sah nur, daß meine Welt, die noch im Mai heil gewesen war oder, wenn nicht heil, so doch klar erkennbar einzuteilen in Gut und Böse, entstellt und zerstört werden sollte, und daß ich dagegen protestieren mußte.

Zu Weihnachten war ich zu Hause in New York.

George F. Kennan

Moskau, 10. Mai 1945

Daß das Ende des Krieges in Europa mich in besondere Hochstimmung versetzt hätte, ist mir nicht erinnerlich. Genau wie alle andern war ich froh darüber, daß das Blutvergießen und die Zerstörungen aufhörten. Daß es notwendig sei, den deutschen Nazismus restlos zu vernichten, hatte ich nie bezweifelt. Aber die Umstände, unter denen der Krieg zu Ende ging, waren wenig tröstlich. Wie bereits gesagt, war mir völlig klar, daß eine Dreimächte-Zusammenarbeit bei der Regierung Deutschlands nicht funktionieren würde. Aber wir Amerikaner bauten unsere Pläne nach wie vor auf solchen Träumen auf. Realistische Pläne hatten wir nicht, und auch mit den Briten hatten wir uns nicht hinlänglich über eine konstruktive Neuordnung in den Westzonen verständigt, die, wie mir schien, das einzige Mittel war, den politischen Druck aufzufangen, dessen man von seiten der deutschen Kommunisten, mit Unterstützung der Sowjets, gewärtig sein mußte. Mittlerweile erreichte uns eine deprimierende Vielzahl von Berichten über die wilden Roheiten und Scheußlichkeiten, die ein Teil der sowjetischen Truppen – wohl nicht so sehr die Kampftruppen selbst, sondern mehr die nachrückenden Verbände – beim Einzug in Deutschland und in die von den Deutschen befreiten Gebiete verübten. Manchmal waren es anständige Angehörige der sowjetischen Streitkräfte selbst, die davon erzählten und sich von dem Benehmen ihrer Kameraden angewidert zeigten. War das, fragte ich mich, die Sorte Sieg, die wir erträumt hatten? Machte nicht der hohe Preis einen großen Teil des Sieges fragwürdig?

Erst am 9. Mai, einen Tag nach Beendigung der Kämpfe im Westen, gaben die bis dahin trotz der Kapitulation der Deutschen vor Briten und Amerikanern immer noch mißtrauischen Russen zu, daß auch im Osten der Widerstand aufgehört habe und der Krieg in Europa damit beendet sei, und teilten das ihrem Volke mit. Die Nachricht verbreitete sich in Moskau in den ersten Morgenstunden des Zehnten; und bei Tagesanbruch war die Stadt von einer Feiertagsstimmung gepackt, deren überschäumende Begeisterung alle üblichen Gebote der Disziplin hinwegschwemmte.

Natürlich zeigten wir die amerikanische Flagge von unserm kombinierten Kanzlei- und Wohngebäude im Zentrum der Stadt, und vom Hotel National, das Wand an Wand mit unserm Haus stand, wehten die Fahnen derjenigen Verbündeten, deren unglückselige Vertreter in Moskau keine eigene Bleibe hatten finden können und die deshalb ihre amtlichen Geschäfte immer noch vom Hotelzimmer aus besorgten, so wie wir es 1934 mehrere Monate lang getan hatten.

Gegen 10 Uhr morgens marschierten Gruppen junger Leute, vielleicht Studenten, singend und fahnenschwenkend die Straße entlang, erblickten die Flaggen der Alliierten am Hotel National und brachen in herzliche Hochrufe aus. Als sie dann hinter dem Hotel das Sternenbanner entdeckten, malte sich in den Gesichtern und Gesten der meisten von ihnen Überraschung und Entzücken; sie stoppten den Vorbeimarsch, stellten sich vor dem Botschaftsgebäude auf und demonstrierten in einem wahren Taumel der Begeisterung ihre freundschaftlichen Gefühle. Der Platz vor dem Gebäude war geräumig – er hätte zweihunderttausend Menschen gefaßt – und bald hatten sich unsern ursprünglichen Gönnern Tausende von anderen zugesellt, die in die Hurras einstimmten und winkten und keine Lust hatten, weiterzuziehen. Uns selbst bewegte und freute dies Zeichen der Volksstimmung, nur wußten wir nicht recht, wie wir darauf reagieren sollten. Wenn einer von uns sich auf der Straße zeigte, wurde er sofort ergriffen, begeistert in die Luft geworfen und von Hand zu Hand über den Köpfen der Menge weitergereicht, bis er sich irgendwo am äußeren Rand des wonnetrunkenen Durcheinanders verlor. Kaum einer von uns war erpicht auf ein Erlebnis dieser Art, und so versammelten wir uns auf den Balkonen und winkten, was die Arme hergaben. Als Geste der Erwiderung schickte ich einen von uns übers Dach zum Hotel National und besorgte von dort eine sowjetische Fahne, die wir neben die unsere hängten. Das veranlaßte die Menge erneut zu Jubelrufen. Aber auch das schien nicht genug. Als Geschäftsträger – der Botschafter war außer Landes – fühlte ich mich verpflichtet, mit ein paar Worten unsere Dankbarkeit zu zeigen. Die Balkone waren zu hoch, als daß man mich von dort verstanden hätte; also stieg ich hinunter ins Hochparterre und kletterte auf den Sockel einer der großen Säulen, die die Fassade des Gebäudes schmückten. Ein paar andere kamen noch mit, darunter (aus irgendeinem in dem fröhlichen Durcheinander dieses Tages untergegangenen Grund) ein Sergeant unserer Militärmission in Uniform, der, wie ich glaube, in Wirklichkeit Pastor war. Unser Erscheinen löste eine neue Woge der Begeisterung aus. Die Polizei, die die Leute bis dahin von den Mauern des Gebäudes ferngehalten hatte, und ein Partei-Agitator, der offensichtlich ausgeschickt worden war, um sich zum Sprecher der Leute zu machen und sie zum Weitergehen zu bewegen, wurden jetzt gutmütig beiseite gedrängt, und die Menge schob sich über das kleine Geländer am Bürgersteig in den grasbewachsenen Vorgarten und umdrängte den Sockel. Ich brüllte auf Russisch: »Wir gratulieren zum Tag des Sieges. Ruhm und Ehre unsern sowjetischen Verbündeten!« – was mir das Äußerste dessen schien, was ich sagen konnte. Daraufhin tobten sie vor Freude und hoben einen Sowjetsoldaten so hoch, daß er den Sockel erreichen konnte. Er zog sich zu uns hinauf, küßte und umarmte den verdutzten Sergeanten und riß ihn erbarmungslos hinunter in die ausgestreckten Arme der Menge. Dort schaukelte er hilflos auf einem Meer von Händen und entschwand bald unsern Blicken. (Wie man mir sagte, kam er erst am folgenden Tag zurück.) Mir selbst glückte die Flucht zurück ins Haus. Den ganzen Tag lang bis spät in den Abend verharrte die riesige Menschenmenge winkend und hochrufend vor dem Haus. Die sowjetischen Behörden waren naturgemäß nicht besonders entzückt davon, zumal dies, wie man uns berichtete, der einzige Ort in ganz Moskau war, wo sich eine Demonstration auch nur einigermaßen vergleichbaren Umfangs abgespielt hatte. Ein einmaliges, höfliches, aber zurückhaltendes Hurra der Menge hätte man vielleicht tragbar gefunden, vor allem, wenn es von dem Ausdruck der Entschlossenheit begleitet gewesen wäre, die »Überreste des Faschismus« (nämlich jede Art des Widerstands gegen die politischen Absichten der Sowjets) auszurotten; keinesfalls aber diese Wärme, diese Freundlichkeit, diese Begeisterung, die den Repräsentanten einer Regierung gezeigt wurde, von deren Schändlichkeit als bourgeoiser Institution die sowjetischen Propagandisten das Volk schon seit mehr als zwei Jahrzehnten zu überzeugen versuchten. Man kann sich unschwer ausmalen, welche Demütigung die Demonstration für Partei und Polizei gewesen sein muß. Siebenundzwanzig Jahre lang war ohne ihre geflissentliche Vorsorge nicht einmal ein Spatz auf eine Moskauer Straße gefallen, und nun, plötzlich – dies! Sie ließen sich allerlei einfallen, um die Menge zum Weitergehen zu bewegen, errichteten sogar in Windeseile einen Musikpavillon am entgegengesetzten Ende des Platzes und schickten eine Blaskapelle hin. Aber es nützte alles nichts. Die Leute blieben. Es war sogar uns selbst ein wenig unangenehm. Wir hatten nicht beabsichtigt, an einem solchen Freudentag Anlaß zur Verärgerung zu geben. Wir hatten wahrhaftig nichts dazu getan, die Demonstration zustande zu bringen oder sie zu verlängern, nachdem sie begonnen hatte. Aber wir waren noch hilfloser als selbst die Behörden.

Am Abend dieses denkwürdigen Tages spielte sich eine kleine Episode ab, die im Verein mit dem Nachspiel, das sie vier

Jahre später hatte, die Mentalität von Stalins Propagandisten treffend illustriert. Mrs. Winston Churchill war zufällig in Moskau. Zu ihren Ehren war für jenen Abend im Haus des Staatskomitees für kulturelle Beziehungen mit dem Ausland (WOKS) ein Empfang angesetzt, zu dem ich in meiner Eigenschaft als Chargé d'Affaires eingeladen war. Kurz bevor ich mit meiner Frau das Haus verließ, rief mich ein englischer Journalist an, Mr. Ralph Parker, ehemals Prager Korrespondent der ›New York Times‹, und fragte, ob er und seine russische Frau zu uns in die Wohnung kommen dürften, um die Demonstration vom Balkon aus zu beobachten. Ich kannte Parker ziemlich gut. 1939, beim Einmarsch der Deutschen nach Prag, hatte ich ihm und seiner tschechischen Freundin geholfen, aus der Stadt zu verschwinden, weil sie wegen ihrer linksgerichteten Tätigkeit bei den Nazis übel beleumdet waren. In Moskau unterhielten wir freundliche, wenn auch nicht enge Beziehungen. Von ihm wußte man, daß er in seinen Ansichten sehr weit links stand. Von seiner sowjetischen Frau glaubte man im Diplomatischen Korps, zu Recht oder Unrecht, sie sei nicht nur eine überzeugte Kommunistin, sondern auch ein Polizeispitzel. Aber Moskau war eine kommunistische Stadt, und wir waren es gewohnt, gesellschaftlich mit Leuten zu verkehren, die Parteimitglieder oder sogar Polizeispitzel waren. Und was Parker selbst betraf, so hatte das politische Bündnis der Kriegszeit die Unterschiede zwischen ehrlichem Antifaschismus und kommunistischen Sympathien verwischt, und ich hatte deshalb keine Bedenken, ihm und seiner Frau zu gestatten, heraufzukommen und in unsrer Abwesenheit den Balkon zu benutzen.
Sie kamen, als wir gerade aufbrechen wollten. Er trat kurz auf den Balkon hinaus und kam dann zurück ins Zimmer, um sich von uns zu verabschieden. »Ist das nicht großartig?« fragte er mich. Ich sagte, das sei es wohl, aber gleichzeitig stimme es mich traurig. Er wollte wissen, wieso, und ich

bemerkte, die Leute draußen hätten soviel durchgemacht und erhofften sich jetzt naturgemäß soviel vom Siege; und doch sei die Welt immer noch voller Unruhe; Rußland müsse riesige Wiederaufbau-Probleme bewältigen; das Leben werde nicht sofort wieder normal werden; der Friede werde kaum den Wunschvorstellungen dieser Menschen entsprechen.

Soviel über das Vorkommnis selbst. Vier Jahre später kam in Moskau ein Buch heraus, als dessen Verfasser Parker zeichnete und das den Titel trug ›Sagowor Protif Mira‹ – Verschwörung gegen den Frieden. Parker hatte seine Tätigkeit für nichtkommunistische westliche Zeitungen in der Zwischenzeit aufgegeben, sich mit Haut und Haar der Sowjetregierung verschrieben und alle Brücken zum Westen hinter sich abgebrochen. Welches dabei sein Status war – Sowjetbürger oder Mitglied irgendeiner kommunistischen Partei –, weiß ich nicht, aber offensichtlich stand er vollkommen unter sowjetischem Einfluß. Ich vermute, daß er damals bereits in irgendeiner Form erpreßt wurde. Sein Buch jedenfalls war eine niederträchtige Attacke auf die Regierung der Vereinigten Staaten und speziell auf ihre Botschaft in Moskau, eins der widerwärtigsten Beispiele für die gewissenlose, verlogene und Übelkeit erregende stalinistische Propaganda. Es war nicht leicht zu glauben, daß er es selber geschrieben hatte, denn immerhin war er intelligent. Aber sein Name stand darunter. Im Vorwort zu diesem Buch schilderte Parker zunächst die Szenen, die sich am Victory Day auf den Straßen und Plätzen in der Nähe der Botschaft abgespielt hatten, und beschrieb dann seinen Besuch in unserer Wohnung am Abend desselben Tages wie folgt (in Klammern meine eigenen Kommentare):

»In der Mochòwaja-Straße drängte ich mich durch die vorbeiflutende Menge (Der Leser wird bemerken, daß es vor der Botschaft nicht etwa eine Menschenansammlung gegeben hatte, sondern nur Passanten) und betrat die Amerikanische

Botschaft. Hinter einem geschlossenen Fenster (Die Fenstertüren waren den ganzen Tag weit offen gewesen, und die Botschaftsangehörigen waren zwischendurch immer wieder auf die Balkone getreten) stand die hochgewachsene Gestalt von George F. Kennan, dem Botschaftsrat der Botschaft der Vereinigten Staaten in Moskau. Er stand so, daß er von unten nicht gesehen werden konnte, und beobachtete die Menge. (Diese Ausdrucksweise hatte man offenbar gewählt, um die Tatsache, daß ich vor die Menge hingetreten war und zu ihr gesprochen hatte, als ein »Nicht-Ereignis« aus den Annalen zu löschen; die amtliche Version mußte jeweils das genaue Gegenteil sein: Weit entfernt davon, mich der Menge zu stellen, hatte ich versucht, mich vor ihr zu verbergen; weit entfernt davon, zu ihr zu sprechen, hatte ich in mürrischem Schweigen verharrt.) Der Lärm von der Straße wurde schwächer und verebbte in einem dumpfen Dröhnen.
Während wir die bewegende Szene betrachteten, bemerkte ich in Kennans Gesicht einen seltsam unglücklichen und gereizten Ausdruck. Und dann trat er nach einem letzten Blick auf die Menge vom Fenster weg und sagte bitter: ›Sie jubeln... Sie glauben, der Krieg sei zu Ende. Dabei hat er gerade erst angefangen.‹
Ehe ich die Botschaft verließ, bemerkte ich noch, daß dort, wo früher Roosevelts Porträt gehangen hatte – sein strahlendes Lächeln hatte früher den Raum beherrscht –, jetzt ein Bild von Truman hing. (Das war kompletter Unsinn. Die Porträts beider Präsidenten hingen im Büro; in unserer Wohnung hatten wir von keinem ein Bild. Aber man arbeitete bereits an der Legende, daß Truman vom Tag des Sieges an damit begonnen habe, Roosevelts Politik der Zusammenarbeit zu sabotieren und den Kalten Krieg zu eröffnen.)
An jenem Tag hatte ich Kennans Worte kaum beachtet. Aber heute, vier Jahre danach, erinnere ich mich ihrer so klar wie aller anderen Vorkommnisse am Tag des Sieges: der Men-

schenmengen, die sich aus den Vororten nach Moskau ergossen; der Wiedersehensfeiern derjenigen, die einander feierlich gelobt hatten, zusammenzukommen, ›wenn der Krieg vorüber ist‹; des aufrichtigen und freundschaftlichen Wunsches des Sowjetvolkes, mit seinen früheren militärischen Verbündeten auch im Frieden zusammenzuarbeiten.

Was seit jenem feierlichen, strahlenden Tage geschehen ist, hat mir gezeigt, was der wahre Sinn der Worte war, die der amerikanische Diplomat am Tage des Sieges sprach: sie waren eine Absage an die Politik der friedlichen Koexistenz.«

Lew Kopelew

Tag der Hoffnung

An den letzten Kriegstag dachten wir bereits in den ersten Tagen nach dem 22. Juni 1941, als die Hitlersche Wehrmacht in die Sowjetunion eingebrochen war. Wir diskutierten leidenschaftlich, wann und wo das Ende des Krieges kommen würde. Die meisten meiner Freunde ebenso wie ich zweifelten niemals an unserem Sieg. Es wäre einfach absurd gewesen sich vorzustellen, daß die Armeen des Nazi-Reichs die Sowjetunion überwinden könnten. Und ebenso fest waren wir überzeugt, daß der Krieg unbedingt mit einer vollständigen Zerschmetterung dieses faschistischen Reiches enden müsse; und das sollte nicht nur allen Völkern der Sowjetunion und Europas, sondern auch den Deutschen eine Erlösung, eine Befreiung von der Schreckensherrschaft bringen.

Selbst nach unseren schwersten Niederlagen ließ dieser Glaube nicht nach. In den Stellungen südlich des Ilmensees schneiten Oktober/November 1941 Flugblätter auf uns: »Ihr kämpft vergebens! Euer Widerstand ist sinnlos!« usw. Hitler verkündete bereits: »Dieser Feind liegt am Boden und wird sich nie wieder erheben«, und versprach den Endsieg noch vor Einbruch des Winters. Nördlich von uns war Leningrad schon eingeschlossen, südöstlich fiel Kalinin, wir waren abgeschnitten von Moskau, es blieb nur ein dünner »Schlauch« nach Nordosten. In unserem Abschnitt gab es kaum noch eigene Luftwaffe, nur wenige Panzer und dezimierte Infanterieeinheiten. Und doch glaubten meine Kameraden und ich unbeirrbar, daß wir den Krieg irgendwo weit westlich von unseren Grenzen, am ehesten auf deutschem Boden, beenden würden. Natürlich war sich niemand sicher, ob er noch selbst den letzten Kriegstag erleben würde. Aber alle waren überzeugt, daß nach unserem Sieg eine wahrhaft glückliche Friedenszeit für die ganze Welt anbrechen werde.

Mein letzter Kampfeinsatz war im Februar/März 1945 in Graudenz. In den folgenden Auszügen aus meinen Erinnerungen werden eben diese Tage geschildert.
Den letzten Kriegstag erlebte ich in einer Gefängniszelle in Stettin. Verhaftet wurde ich bereits am 5. April. Die Anklage lautete: »Bürgerlich-humanistische Propaganda des Mitleids mit dem Feind; Verleumdung des eigenen Oberkommandos und der eigenen Truppen; Befehlsverweigerung« u.ä.
Alle diese Erlebnisse, ebenso wie manches, was ihnen vorausging und folgte, beschrieb ich in dem Buch *»Aufbewahren für alle Zeit«*.
An dem so lange ersehnten und erträumten Siegestag kam meinen Zellenkameraden und mir zunächst das Gefühl der Erleichterung: Endlich ist das Morden zu Ende; und das stolze Bewußtsein: Wir haben doch geschafft, was uns noch vor drei Jahren keiner von den Gegnern und nur wenige von den ausländischen Freunden zugetraut hätten. Dann aber überwältigte alle Gedanken die Hoffnung, daß jetzt auch unsere Gefängnistore sich öffnen würden, und die Träume, wie wir in der friedlichen Heimat leben werden.
Der 9. Mai blieb für die meisten meiner Freunde und für mich der letzte offizielle Feiertag, der auch der unsrige war. Die einst so bedeutsamen, so fröhlich gefeierten Tage des »1. Mai« und des »7. November« waren uns nach und nach durch all die bitteren und schrecklichen Erfahrungen des Zeitgeschehens, durch den immer öderen, vordergründigeren Propagandarummel gründlich vergällt worden. Aber zum 9. Mai schrieben wir Grußbriefe und Telegramme an alte Frontkameraden, hefteten uns die alten Kriegsorden an, suchten einander auf, stießen auf die gefallenen, auf die inzwischen verstorbenen Freunde an, auf alte und neue Hoffnungen.
Heute, hier in Deutschland, muß ich hin und wieder an den 9. Mai 1945 zurückdenken. Damals hoffte ich vor allem auf

meine eigene Befreiung. Jetzt aber hoffe ich hartnäckig auf die Befreiung meiner Landsleute, hoffe darauf, daß der so oft versprochene, so lang aufgeschobene Friede in Freiheit endlich doch Wirklichkeit wird. Eben dafür kämpfen heute Andrej Sacharow, Lech Walesa und alle ihre Gesinnungs- und Schicksalsgenossen. Ihr jahrelanger gewaltloser und unbeugsamer Widerstand gegen die übermächtigen, waffenstrotzenden Staaten ist schon an und für sich ein unbestreitbarer Sieg: ein Sieg des friedwilligen und freiheitlichen Geistes über die brutalen materiellen Gewalten.

Trotz allem, was 1945 und später noch an Schlimmem und Grausamem geschehen ist, trotz der Willkür, die in der Sowjetunion und in anderen totalitären Staaten herrscht, trotz der absurden innerdeutschen Grenze, trotz aller kalten Kriege und aller Raketen in Ost und West bleibt für mich auch heute der 9. Mai 1945 ein Tag der Hoffnung, der schlichten Hoffnung, daß wir nie mehr aufeinander schießen müssen, nie mehr mit Angst, Mißtrauen und Haß einander begegnen – der unvergänglichen Hoffnung auf Friede in Freiheit.

Der folgende Beitrag ist entnommen aus Lew Kopelews Buch *Aufbewahren für alle Zeit!*

Graudenz. Letzter Einsatz

Wichtiger als alles andere war mir, so rasch wie möglich nach vorn zu kommen. Ich schrieb die Erklärung: eindeutig im Inhalt – nichts dergleichen gesagt und gedacht; zurückhaltend in der Form – »man hat mich mißverstanden«, gab meine Undiszipliniertheit zu, bereute meine Grobheit gegenüber dem Chef, entschuldigte mich und reichte den Rapport ein.

Unmittelbar danach wurde ich einer Gruppe zugeteilt, die wieder Beljajew befehligte, zusammen mit Galina Chromuschina und Major Nepotschilowitsch, dem Instrukteur für die Arbeit unter der polnischen Bevölkerung. Wir folgten der vorrückenden 2. Stoß-Armee. Die Politabteilung der Armee hatte uns einen großen Übertragungswagen zugeteilt, und wir nahmen einige Absolventen der Antifa-Schule mit zum »Einschleusen«.

Beljajew und ich saßen in der Fahrerkabine, sprachen jedoch kaum miteinander. Wir durchfuhren saubere Kleinstädte und Dörfer. Schnee lag noch auf den Dächern und in breiten Flecken im Wald zwischen den Bäumen. Aber die Straßen waren schon dunkel und sauber; sogar der Abendwind atmete frühlingshafte, weiche, feuchte Frische. Ich wollte an etwas Schönes denken – an das bevorstehende Kriegsende, an den Einzug in Berlin, wo wir uns mit den Engländern und Amerikanern treffen würden. Es wird Zeit, sich ernsthaft mit der englischen Sprache zu befassen, auch unsere Aliierten wird man agitieren müssen.

In der warmen Dunkelheit der Kabine döste ich ein und erwachte von Beljajews erschrockenem Aufschrei: »Halt!... Verdammte Scheiße! Die schießen ja! Dreh um!«

Unser Ford-LKW wendete rasch und fuhr irgendwohin zur Seite. Wir standen an der Einbiegung zu einem mit Bäumen bepflanzten Weg. Rechts, ziemlich entfernt, und links, ganz nah, dunkelten irgendwelche Gebäude oder Ruinen. Vorn schimmerte durch die Bäume hindurch freies Land – Acker oder Brachland. Dort zerflossen am Himmel Leuchtkugeln in blaßgrünen und dunkelrosa Flecken etwa einen Kilometer von uns entfernt. Von dorther knatterten ein MG und MPs.

»Wir sind in die vorderste Linie geraten«, erboste sich der Fahrer. »Nur gut, daß der Fritz Leuchtkugeln losläßt, sonst kämen wir ihm genau zum Abendessen zurecht, oder wir gerieten auf eine Mine und in Gottes Paradies. Wozu haben

Sie 'ne Karte, Genosse Major? Sollten Sie lieber jemand anderem geben.«
Um auf die Karte zu sehen, hätte Beljajew die Taschenlampe anknipsen müssen, das wollte er nicht. Hinter uns kamen noch zwei andere Wagen. Wir erkannten von weitem die Scheinwerfer. Der verwirrte Beljajew ächzte: »Was machen die, was machen die bloß?« In seiner Angst hatte er ganz vergessen, daß er den Befehl hatte, und fügte sich widerspruchslos meinen Anordnungen. Ich nahm ihm die große dreifarbige Lampe ab, gab sie dem Fahrer, befahl ihm, mit dem roten Licht zu blinken, den Wagen entgegenzulaufen und sie aufzuhalten.
Hinter den Bäumen hervor kam ein Soldat, ohne Eile, den Mantel umgehängt, rauchte eine Selbstgedrehte und fing an, gemächlich zu erklären: »Hier ist unsere vorderste Linie. Dort bei der Wiese ist seine Verteidigung. Aber hier bei uns ist es ruhig. Der Deutsche ist im Kessel; schießt mal, mal nicht. Aber kriecht nicht raus. Da im Bunker ist der Zugführer. Der Kompanieführer da hinten, weiter rechts, in dem Haus, wo der Garten ist. Bis zum Deutschen ist's nicht mal ein Kilometer, vielleicht 700 Meter, vielleicht 800, so ungefähr.«
Beljajew, durch die gelassene Gesprächigkeit des nicht mehr jungen Soldaten ermutigt, fing an, ihn zurechtzuweisen: »Was soll das heißen? Schöne Ordnung bei euch Arschlöchern – verdammt noch mal. Vorderste Linie und kein Posten: offene Straßen, spazier, wo du Lust hast. Wir fahren hier direkt zu den Deutschen, keiner sieht das, keiner hält uns an. Auf so was steht Kriegsgericht! Warum sind keinerlei Zeichen am Weg?«
»Was für Zeichen brauchen wir denn in der vordersten Linie, Genosse Offizier? Entschuldigung, es ist dunkel, kann Ihren Rang nicht erkennen. Hier ist die vorderste Linie, das weiß jeder, den es angeht. Deshalb bin ich ja auch zu Ihnen rausgegangen. Wir dachten zuerst, als wir den Wagen mit Licht

kommen sahen, der Deutsche wäre vielleicht schon getürmt oder hätte sich ergeben oder der Krieg wäre aus. Aber da sehen wir, der läßt wieder Leuchtraketen los und schießt, na ja, da bin ich eben hergelaufen, nachsehen, was das für welche sind.«
»Gelaufen? Und warum bist du in der vordersten Linie unbewaffnet? Und wie stehen Sie überhaupt da? Rauchen einstellen, wenn Sie Meldung erstatten!«
Ich unterbrach den mutig gewordenen Beljajew. Wenn auch unbeabsichtigt und zufällig, waren wir doch an eine sehr günstige Stelle geraten. Hier konnte man die Antifa-Leute hinüberschicken. Wenn sie auf unsere Scheinwerfer nur eine Salve abgeben, bedeutet es, daß der Abschnitt ruhig ist. Beljajew stimmte zu.
Wir waren inzwischen in den Bunker des Zugführers gegangen, auch der Kompanieführer, ein Oberleutnant, kam, und wir improvisierten rasch eine »Operation«.
Den Lautsprecherwagen stellten wir abseits der Chaussee in den Schutz einer steinernen Scheune. Die vier Antifa-Männer sollten durch das Unterholz und dann in kurzen Sprüngen über die Wiese bis zu den deutschen Gräben laufen. Dort sollten sie sagen, sie seien aus der Gefangenschaft ausgerückt und könnten nachts durch unsere Linien schleichen. Zur größeren Glaubwürdigkeit wollten wir Leuchtraketen hochgehen lassen und hinter ihnen herschießen. Zwei Soldaten führten sie durch ein Minenfeld.
Beljajew ging in einen Bunker zu den MG-Schützen. Prahlte später damit, daß er mit einem MG auf die deutschen Leuchtraketen geschossen habe. Galina und ich sendeten. Wir forderten die Eingekesselten auf, sich zu ergeben, drohten mit schonungsloser Vernichtung aller, die Widerstand leisten würden. Versprachen glückliche Heimkehr nach dem unmittelbar bevorstehenden Kriegsende. »Der Krieg ist längst verloren. Hitler zögert die Kapitulation nur hinaus, um Galgenfrist für sein verfluchtes bißchen Leben herauszuschinden.

Wollt ihr dafür sterben, daß Hitlers Untergang noch ein paar Tage oder Wochen verschoben wird? Sollen deswegen eure Frauen Witwen, eure Kinder Waisen werden? Überlegt es euch, ehe es zu spät ist!«

Anfangs hörten sie uns offenbar zu, nur die Leuchtkugeln flogen immer dichter. Minutenlang war der halbe Himmel mal violett, mal hellgrün. Dann begann plötzlich Feuerzauber. Aber sie schossen nicht auf uns, sondern irgendwohin zur Seite und stellten das Feuer bald wieder ein. Wir redeten noch eine Weile, ließen Platten mit wehmütigen Liedern laufen, bis direkt am Wagen zwei Antifa-Männer auftauchten – blaß und verdreckt; einer zitterte vor Schreck und vor Schmerzen, es hatte ihn an der Schulter erwischt. Sie berichteten, daß der älteste von ihnen, ein Feldwebel, der etwa hundert Schritte voraus war, unmittelbar vor den deutschen Gräben verwundet worden sei. Als er rief: »Kameraden, nicht schießen!«, begann der Beschuß. Dann hörten sie ihn schreien: »Nicht schießen, nicht schießen, hier sind Kameraden! Ihr habt mich verwundet, helft mir!« Anscheinend haben sie ihn in den Graben geholt. Dann hatten auch die anderen gerufen: »Kameraden, nicht schießen!« Und da kam von drüben, direkt auf sie gerichtet, MP-, MG- und Gewehrfeuer, pausenlos, so daß sie kaum zurückkriechen konnten. Der vierte muß wohl gefallen sein.

Beljajew bekam sofort wieder Angst. Zwei Leute verloren – die Deutschen werden sie unter Druck setzen, bis sie alles erzählen: wie miserabel die vorderste Linie hier ist, daß Polit-Offiziere mit Ü-Wagen da sind. »Natürlich werden die Deutschen uns schnappen wollen, lebendig oder tot. Hier können wir auf keinen Fall bleiben.«

Er brabbelte vor sich hin, geiferte, rollte die trüb-weißlichen Augäpfel. Dann fiel ihm wieder ein, daß ja er das Kommando hatte.

»Ich habe hier den Befehl, verstehst du. Ich bin verantwort-

lich für den Wagen und für die Leute. Ich befehle, unverzüglich abzufahren. Wir müssen den Divisionsstab suchen. Wir sind in die Division befohlen.«
Mit schmeichlerischem Lächeln gab er mir die Karte: »Du wirst die Kolonne führen. Kennst dich mit Straßen besser aus. Los, los, weg hier, ehe es hell wird.«
Gegen Morgen kamen wir zum Stab des 16. Regiments der 38. Gardeschützendivision, der sich im Kontor und den Werkhallen einer Zuckerwarenfabrik am Südostrand von Graudenz einquartiert hatte. Auf dem Fabrikhof standen Kanonen und Granatwerfer. Die erfinderischen Artilleristen hatten ein paar 75-mm-Geschütze ins Haus geschafft, in den ersten Stock, und richteten die Rohre aus den Fenstern. Sie schossen damit ins Stadtzentrum, das gut sichtbar in einer Talsenke lag. Die vorderste Kampfzone verlief 400 bis 500 Meter vom Regimentsstab entfernt. Unsere Schützen hatten ein Eisenbahndepot und eine Arbeitersiedlung besetzt, die sich im rechten Winkel zur Chaussee in zwei Häuserzeilen hinzog. Die Deutschen hatten sich in einer Fabrik für Straßenbaumaschinen verschanzt, hinter einer hohen Ziegelmauer. Eine mächtige Barrikade aus schweren Zugmaschinen und Bulldozern verlängerte die Fabrikmauer und versperrte die Straße. Und weiter rechts von der Chaussee – von uns aus gesehen – war die deutsche vorderste Linie eine einzelne Straße, die durch Brachland führte, mit Schuttabladeplätzen, einigen einzeln stehenden Gebäuden, offenbar Werkstätten, einem Autofriedhof, Bergen von rostigen, ausgebrannten PKW- und LKW-Skeletten. Die deutsche Straße war von unserer Arbeiter-Siedlung etwa zwei- bis dreihundert Meter entfernt. Dort und hier kleine graue Häuser – einstöckige Zementwürfel – oder rötliche zweistöckige Backsteinhäuser, dazwischen von Zäunen eingefriedete unbebaute große Flächen mit Büschen und jungen Bäumen. Hinter jedem Haus lag ein Hof mit Wirtschaftsschuppen und Gemüsegarten.

Hier bei den leeren Hühner- und Ziegenställen hatten unsere Granatwerfer Stellung bezogen.
Es war der dritte Tag der Belagerung. Es war sehr laut. Unsere Kanonen und Granaten ballerten und heulten Tag und Nacht. Mehrmals täglich griffen unsere Kampfflieger an. Die Deutschen erwiderten grimmig mit ziemlich dichtem Artilleriefeuer. Trafen auch unseren Fabrikhof und die Siedlung. Beljajew fuhr nach dem ersten Feuerüberfall ab und überließ mir das Kommando. Nach einer Woche kam auch Sabaschtanskij für ein paar Stunden. Gegen Ende der Belagerung, als die Straßenkämpfe im Gange waren, tauchte er noch einmal für zwei Stunden auf, ließ sich aber nicht weiter herab als bis zum Divisionsstab, ein paar Kilometer vor der Stadt auf einem Berg. Dort lagen gut ausgestattete Kasernen, in den Festungskasematten gab es komfortable Unterkünfte. Bei seinem zweiten Besuch befahl er mir telefonisch, den Ü-Wagen zum Korps zu schicken; statt dessen bekamen wir einen Anderthalbtonner, einen Wanderkino-Vorführwagen. Den Lautsprecher konnte ich für die Sendungen benutzen – in den Straßen wurde man zum Glück auf kurze Entfernungen verstanden.
In den ersten Tagen, als hauptsächlich in den Stadtrandbezirken Feuergefechte stattfanden, machten wir unsere Übertragungen vom Eintritt der Dunkelheit bis zum Tagesanbruch, entweder aus der Siedlung rechts von der Chaussee oder links aus dem Hof des Eisenbahndepots gegenüber der Fabrik. Tagsüber verhörten wir Gefangene und Überläufer. Hastig schulten wir diejenigen von ihnen, die uns zum Einschleusen geeignet erschienen, erklärten ihnen, wir sie ihre Kameraden agitieren müßten, damit sie sich ergäben. Von den Beobachtungsstellen der Artillerie oder der Luftaufklärer aus betrachteten wir die deutschen Stellungen, rechneten aus, wo wir diese eilig Umerzogenen, frisch gebackenen Antifa-Männer ansetzen konnten, und schickten sie nachts los. Dafür forder-

ten wir gewöhnlich die Hilfe der Aufklärer und Granatwerfer an, die entweder ablenkendes Feuer oder Feuerschutz gaben. Am ersten Tag, als die Siedlung besetzt worden war und die Deutschen sich auf dem Brachland verschanzt hatten, begannen die üblichen Scharmützel. Der Regimentsstab befahl daher, die Bevölkerung weiter ins Hinterland zu evakuieren, hinter die Stadtlinie. Die meisten Bewohner gingen in der Nacht los; schleppten sich in großen Gruppen über die zum Teil unter Beschuß liegende Straße, verschreckt, mit unterdrückten Stimmen sprechend, sie zogen Kinderwagen, Schubkarren, Fahrräder, mit Sachen vollgepackt; flüsternd trieben sie widerspenstige Ziegen an, die vor den nahen Schüssen scheuten.

Einige Familien weigerten sich standhaft, wegzugehen. Die jüngeren Offiziere, die die Granatwerfer- und Schützenstellungen in der Siedlung befehligten, drängten sie auch nicht übermäßig. Sie und die Soldaten fühlten mit den Frauen, die sich von ihren Häusern, ihren Kellern, ihren Vorräten nicht trennen wollten.

Es entstand ein eigenartiges, sehr freundschaftliches Gemeinschaftsleben zwischen diesen Menschen verschiedener Schicksale, verschiedener Sprachen. Die Frauen stillten ihre Kleinen in der engen, überheizten Stube, die mit allem möglichen Hausrat vollgestopft war, und nur wenige Schritte hinter den mit Federbetten und Kissen gesicherten Fenstern erklangen abgehackte Kommandos, krachten und jaulten die Granaten. Soldaten, die in anderen Stuben im Quartier lagen, kamen aus der Feuerstellung und aßen zusammen mit ihren zivilen Nachbarn in den engen Küchen. Es gab manches zärtlich verliebte Paar und stürmische, leidenschaftliche Affären, auch zufällige und hastige Liebkosungen in dunklen Unterständen. Aber es gab auch einfach gute Freundschaften mit den Frauen, die die Soldaten beköstigten, ihre Sachen wuschen und stopften.

Als ich am Tag unserer Ankunft diese Häuser besuchte, fragte ich, ob nicht eine der Frauen den Soldaten, die die Stadt verteidigten, über unseren Sender ein paar Worte sagen wolle. Bei den Volkssturmleuten gab es eine Menge »Beutegermanen«, Volksdeutsche oder auch Polen, die sich zu Deutschen erklärt hatten.

Sofort meldeten sich mehrere Kandidatinnen. Ich wählte Fräulein Elsbeth. Sie hatte eine hohe, klingende Stimme, las flüssig und ausdrucksvoll Deutsch und Polnisch. Während der Übertragung las sie den vorbereiteten Text ausgezeichnet. Doch anschließend sprach sie – für mich unerwartet – noch viel besser »von sich aus«:

»Ich sehe hier, was für Kanonen die Russen haben, die werden alles kaputtmachen, alles! Hört auf zu kämpfen! Hört, Volkssturmmänner, werft die Waffen weg, kommt her!... Diese verfluchten Nazis richten sich selbst sinnlos zugrunde und wollen euch mit vernichten. Habt Erbarmen mit unserer armen Stadt, hört auf zu kämpfen, kommt her!«

Ein Ausbruch aus der Zuckerwarenfabrik die Chaussee entlang wurde vorbereitet. Wir wollten den stürmenden Einheiten »mit Klang und Rädern« folgen nach der Artilleriedevise »Infanterie mit Feuer und Rädern einholen«. Am 23. Februar, dem Tag der Roten Armee, stellten wir unseren Wagen bei einem zerstörten Haus gegenüber der Fabrik auf. Dort befand sich eine Beobachtungsstelle der Artilleriedivision. Galina und ich machten einige Sendungen in deutscher Sprache; Nepotschilowitsch sprach polnisch; danach spielten wir ein Konzert für die eigenen Leute. Den Artilleristen gefiel das ungeheuer. Sie bewirteten uns mit französischem Cognac und beschlossen plötzlich, einen festtäglichen Salut auf bekannte Ziele abzugeben. Telefonisch verständigten sie die Batterien, auf das Kommando der Lautsprecherstimme zu hören. Und ich, toll vor Begeisterung, schrie pathetische Kommandos ins Mikrophon. Das gefiel unseren angetrunkenen Gastgebern erst recht, und sie verlangten: »Los, mach weiter, mehr, noch mehr ...!« »Für die reinen Tränen unserer Mütter, für unsere Frauen und Bräute, für unsere zerstörten Städte, für unsere verbrannten Äcker – vier Granaten im Lauffeuer – Feuer! Unseren Freunden und Kameraden, die im Kampf gefallen sind, zu ewigem Gedenken, ewigem Ruhm – Feuer!«

Dicht neben uns dröhnten die Abschüsse, weiter entfernt, über uns, heulten, rollten sie, schlugen polternd und abgehackt ein, bald schwer und dumpf, bald klirrend wie mächtige Hämmer auf Stein. Der Himmel über uns stöhnte, brauste, summte. Auf der deutschen Seite jagten Leuchtraketen einander, das bleiche, diffuse Licht erlosch kaum noch. Die deutschen Granatwerfer bellten böse, aber seltener. Von der Straßenbaumaschinen-Fabrik her setzte MG-Feuer gegen die Mauer des Hauses ein, hinter der wir standen, peitschte wild. Unsere Lautsprecher tönten mit aller Macht:

»Es geht der Krieg des Volkes an,
Der heilig-heil'ge Krieg ...«

Wir stießen mit den Artilleristen an. Galina kam, dicht an die Mauer gedrückt, besorgt über den Hof. Nur allzu berechtigt fühlte sie sich als einzig Nüchterne und Vernünftige unter uns. Sie verlangte, wir sollten den Wagen tiefer in den Hof schieben. Von den deutschen Barrikaden aus, die keine 500 Meter entfernt waren, hätte er leicht gesehen werden können. Ein einziger Schütze von dort, es brauchte gar nicht mal ein besonders guter zu sein, hätte unser ganzes Konzert verdorben.

Mit den Schultern schoben wir den singenden Wagen vorsichtig, um das Lied nicht zu unterbrechen. Der Rausch und die feierliche Musik – der Choral vom heiligen Krieg – die Kälte

der Gefahr – wenn auch von den Barrikaden kein Mündungsfeuer aufblinkte – erregten alle noch mehr.
Das Leben war herrlich, der Sieg nahe, um uns wundervolle Kampfgefährten. Soll doch die tapfere und kluge Galina kommandieren, und ich werde alles tun, was notwendig ist, damit der Krieg bald beendet wird. Und ich fürchte mich nicht, und ich denke nicht an das Häßliche und Gemeine, nicht an die Barrikaden und nicht an Sabaschtanskij – ihn soll der Teufel holen mit allem Drum und Dran; und ich habe doch recht, alles wird gut werden, sollen die Arschkriecher in der Politverwaltung ihre Orden bekommen, mir ist diese Nacht wichtiger als alles...
»Es geht der Krieg des Volkes an...« Das Lied verklang. Und der älteste unserer Gastgeber rief: »Los, Major, noch einen Salut für den Feiertag – vier Granaten im Lauffeuer«. Und atemlos vor Freude schrie ich ins Mikrophon:
»Für unsere Heimat, für unser Moskau – für unsern großen Stalin – für unsere stillen Flüsse und grenzenlosen Steppen – für unsere Birken – für unsere Kinder – vier Granaten – Feuer-r-r!«
Und wieder brüllten die Geschütze.
Gegen Morgen begann der Angriff. Wir begaben uns zu einem andern Regiment, dem sechsten, das den Straßenkampf anführte. Auf der breiten Adolf-Hitler-Straße am Trinka-Kanal sendeten wir Agitkonzerte. Die Entfernung zu den Hörern war in der Regel kaum größer als eine Straßenbreite, allenfalls ein oder zwei Häuserblocks weit. Den Wagen schoben wir in eine Toreinfahrt, den Lautsprecher hängten wir an ein Balkongeländer oder einen vorspringenden Sims. Störend war nur, daß es fast gar keine dunklen Stadtteile mehr gab. Die Häuser brannten, niemand löschte, ringsum war alles vom zuckenden, rötlich-orangegrellen Feuerschein erhellt. Wir stellten uns nach Möglichkeit dort auf, wo der Rauch sich schon senkte, oder verbrannten erbeutete Rauchkörper, die die bestrichenen Abschnitte mit dichtem schwar-

zen Qualm einhüllten, durch die wir unsern Anderthalbtonner in die Sendestellung brachten.
In den ersten Tagen nach dem Durchbruch zur Stadtmitte richteten wir uns zusammen mit dem Bataillonsstab in einem Haus an der Adolf-Hitler-Straße ein. Es war ein Eckhaus, das andere Eckhaus schräg gegenüber hielten die Deutschen noch. Das Bataillon, erschöpft von vielen Stunden fast pausenloser Kämpfe, hatte den Befehl, in einigen Häusern Ruhestellungen zu beziehen.
Nachts nach der Sendung trafen wir in einem der nach hinten gelegenen Zimmer mit anderen Offizieren zusammen. Im Kachelofen brannten Braunkohlebriketts. Wir saßen in weichen, niedrigen Sesseln. Auf dem runden Tischchen und auf dem Fußboden, auf dem Teppich, ein Tohuwabohu von Flaschen, Schachteln, Konservendosen. In der Pfanne auf dem Ofen zischte aromatisch schmorendes Fleisch.
Wir schmausten ausgiebig, sangen, lachten. Einer der Gäste lehrte uns ein neues Lied:

»Triffst vorn an der Front
du 'nen alten Freund...«

Plötzlich von unten ohrenbetäubendes Krachen. Alles um uns zitterte, bebte, barst auseinander. Statt der Zimmerwand erschienen der in Feuerschein glühende Himmel und die Brandmauer des Hauses gegenüber mit einer riesigen Reklame darauf. Wir rutschten mit unseren Sesseln, dem Tisch und dem Teppich schräg abwärts durch rollendes Getöse, Knirschen, Klirren von zerbrechendem Glas in die feuchte Nachtkühle. Wir fielen, klammerten uns aneinander und glitten plötzlich – einer liegend, der andere halb sitzend in dem Durcheinander auseinandergebrochener Wandstücke, Fensterrahmen, Glasscherben, Stühle, Flaschen und Konservendosen auf das leicht abschüssige Teerpappenvordach, zwei

Meter unterhalb des Fußbodens jenes Zimmers, in dem wir eben noch gesungen hatten:

»Wir trinken auf die Heimat,
Unsere freie Heimat...«

Das waren Panzergranaten. In den beiden unteren Stockwerken war das unterste zu oberst gekehrt – eine grauenvolle Wüstenei. Einige Soldaten waren tot, auch einige Zivilisten, die in ihren Wohnungen geblieben waren. Aber bei uns oben war nur ein Teil der Wand fortgerissen, dadurch hatte sich der Fußboden gesenkt. Keiner war verletzt. Der ausgestandene Schrecken wandelte sich wie gewöhnlich in hektische Ausgelassenheit. Noch in derselben Nacht fanden wir ein anderes Quartier in der Blumenstraße: in der Beletage die Wohnung eines SS-Obersturmführers mit kompletter schwerer Mahagoni-Einrichtung, Samtportieren, Spitzengardinen, Seidensteppdecken und Daunenplumeaus auf den riesigen Betten, Geschirr, Tafelsilber und einer Speisekammer randvoll mit Wein, Lebensmitteln und Vorräten aller Art.

Aber wir hatten kaum Muße, diesen Luxus zu genießen. Nachts sendeten wir fast ohne Pause, tags verhörten wir Gefangene und Überläufer. Andere Sorgen kamen hinzu: die Marodeure, recht verschiedenartiges Gesindel – aus der Front herausgezogene Aufklärer eines Strafbataillons, Fuhrleute, Fahrer und jede Art von Etappenhengsten. Auf das Gerücht hin, Graudenz sei schon gefallen, machten sich die Trophäenjäger eilig ans Geschäft.

Die meisten Bewohner des Stadtzentrums hatten sich bei Beginn der Belagerung in den Kellern, die als Luftschutzräume eingerichtet waren, in Sicherheit gebracht. Die Trophäenjäger drangen in die leeren Wohnungen ein und hausten hier genau wie in Ostpreußen. Andere, beherztere Uhrensucher inspizierten auch die Luftschutzräume:

»Ausweiskontrolle. Wo sind hier Fritzen versteckt?« Und mit vorgehaltener MP staubten sie Uhren und Schmuck ab, schleppten Frauen mit... Ein, zwei Mal erwischten wir im Keller unseres Hauses solche Ausweiskontrolleure. Es sprach sich in den anderen Häusern rasch herum, sogar bis in die Nachbarstraßen, daß hier sowjetische Offiziere die Zivilisten beschützten. Jammernde Frauen, seltener auch Männer, kamen gerannt: »Hilfe, Raub«, »Gewalt«, »Bitte, Pan, kommen helfen«. Und wir liefen los, schafften Ordnung...

Ein langer Lulatsch, eklige Visage, in grünem Tarnanzug und tief gegürteter Wattejacke stieß ein blasses Mädchen vor sich her, hatte ihre magere Hand auf den Rücken gedreht. Als er die auf ihn zulaufenden, pistolenschwenkenden Offiziere sah, ließ er sie los und rannte davon. Wir holten ihn nicht ein, griffen aber seinen Kumpan, einen besoffenen Sergeanten mit rotrandiger Etappenmütze. Er feixte verlegen, zog aus seinen Taschen, aus dem Busen ganze Trauben von Ringen, Uhren, Ohrringen:

»Ja, ich wollte doch nichts Böses, bitte sehr, die sind ja Faschisten, haben geraubt und gestohlen, als wir kämpften. Wir waren mit bei Stalingrad. Also kann man nehmen, was die vorher gestohlen haben...«

Ein Teil der Sachen konnte den Eigentümern zurückgegeben werden. Das Übrige wurde registriert, in ein Paket verpackt und zusammen mit dem Soldbuch des Marodeurs zum Korps-Stab geschickt. Ihn selbst übergaben wir dem für ihn zuständigen Zugführer.

Ein junger Kerl in sauberem Mantel, den Mützenstern blank geputzt, spaziert gemütlich über den Bürgersteig. Mit der einen Hand führt er ein Fahrrad, in der andern trägt er einen großen Koffer. Laut heulend kommt eine Frau hinter ihm her. Es sei ihr letzter Besitz, ihre Kinder blieben nun nackt und bloß, und das Rad habe sie vom Vater geerbt, den die Deutschen im Krieg umgebracht hätten. Neben ihr stolpert ein kleines Mädchen, vielleicht sieben Jahre alt, ein paar schreiende und klagende Frauen haben sich ihr angeschlossen. Nepotschilowitsch und ich machen uns auf. Weil wir noch kaum richtig geschlafen haben, sind wir besonders wütend. Ich ramme dem Kerl die Pistole derart in den Bauch, daß er zusammensackt.

»Du Arschloch! Beraubst Frauen und Kinder! Beleidigst die sowjetische Armee. Wir werden dich auf der Stelle abknallen wie einen tollen Hund und nicht mal begraben. Hier wird dein Kadaver liegen mit einem Plakat ›Marodeur‹!«

Er stottert hastig, zu Tode erschrocken, atemlos: »Das hab' ich doch gar nicht gewußt. Ich dachte doch... Pakete schikken ist doch erlaubt. Unser Chef hat gesagt: man darf Pakete schicken. Ich wußte nicht – es stand da so im Hof –, daß es ihr Fahrrad ist...«

Wir nahmen ihm sein Soldbuch ab. Geburtsjahr 1927. Funker. Noch kein Jahr bei der Armee.

Mittlerweile hatte sich um uns eine ganze Menschenansammlung gebildet – Frauen, Kinder, ein paar Männer. Nepotschilowitsch erklärte ihnen, daß unsere Armee Marodeure schonungslos bestraft, daß diejenigen, die rauben, plündern, vergewaltigen, von den Deutschen hergeschickte Provokateure seien und daß dieser Bursche vor Gericht gestellt und wahrscheinlich erschossen wird.

Gleich erhoben sich mitleidige Stimmen: »Nein, nein, doch nicht erschießen! Ist ja so ein junger Kerl, noch dumm...«

Der Soldat, bleich und verstört, murmelte nur immer vor sich hin: »Ist doch erlaubt, Pakete zu schicken – ich dachte doch, man darf es. Ich dachte, das macht nichts.«

An der nächsten Ecke schlug eine Granate ein. Von der Parallelstraße her donnerndes Krachen der Detonation. Festungs-Artillerie. Kreischend stürzten die Frauen in den nächsten Hauseingang. Wir führten den erfolglosen Marodeur ab. Das Soldbuch behielten wir und schickten es später mit einem Dutzend anderer Papiere zum Rapport an den Korpskommandeur persönlich. Den Bengel brachten wir ein paar Straßen zurück und ließen ihn laufen: »Sieh zu, wo du bleibst, wag es nicht noch mal.«

Kurz vor Tagesanbruch sauste ein LKW mit ein paar besoffenen Soldaten an uns vorbei, hielt, die Soldaten polterten in einen der Keller. Hinter uns kam einer der neuen polnischen Polizisten in Windjacke und weiß-roter Armbinde angelaufen: »Die plündern – ganze Gruppe – haben Maschinenpistol...«

Er wußte nicht, ob er auf die sowjetischen Freunde schießen durfte, wenn sie plünderten.

Wir rannten hinter ihnen her, auch Galina, die Mannschaft des Lautsprecherwagens und der Fahrer. Am Kellereingang stießen wir auf ein paar verängstigte Frauen:

»Retten Sie uns, die bringen uns um.«

Aus dem Keller klang schrilles durchdringendes Weinen und Schreien.

Einer dieser Schweinehunde hatte, sei es, um die Leute einzuschüchtern, sei es »bloß zum Spaß«, eine MP-Garbe über die Köpfe abgefeuert, eine von der Wand abprallende Kugel hatte eine junge Frau am Kopf verletzt. Sie blutete, schrie mit hoher, hysterischer Stimme: »Mord! Mord! Ich sterbe! Wofür? Wofür?«

Später zeigte sich, daß die Wunde nicht gefährlich war, vom Scheitelbein war ein Hautfetzen losgerissen. Aber es blutete stark. Die Frauen und Kinder ringsum heulten und schluchzten lauter als die Verletzte, die nur noch wimmerte: »Och, ich sterbe, och, ich sterbe, brauche Priester! – bitte, Pan, holen Priester...«

Wir überließen sie Galina und machten uns auf, die Marodeure einzufangen. Von mehreren Seiten rief man uns zu, sie seien noch irgendwo unten.

Der halbdunkle Keller hatte mehrere größere und kleinere

Räume, enge Gänge, vollgestopft mit Menschen und Bündeln, und war nur schwach von Hindenburglichtern erhellt; über die gewölbten Decken und Wände strichen riesige Schatten. Wir wußten nicht, was geschehen würde, wenn einer dieser Lumpen – in der Betrunkenheit oder aus Angst – zu schießen anfinge. Wie sollten wir ihn unschädlich machen oder auch notfalls erschießen, wenn sich zu Tode erschrockene Menschen um uns drängten? Nepotschilowitsch und ich riefen auf polnisch:

»Alles hinlegen, die Kinder zudecken! Lichter nicht auslöschen!«

Dann auf russisch:

»Kommt raus! Ergebt euch im Guten! Wer freiwillig rauskommt und sich ergibt, den lassen wir laufen, wer Widerstand leistet, wird auf der Stelle erschossen.«

Vom Eingang her Rufe: »Hier sind sie, hier!«

Bis wir uns zwischen den weinenden, jammernden, irgend etwas bittenden Menschen durchgedrängt hatten und zum Eingang gelangten, waren sie schon draußen auf dem Hof. Einer unserer Soldaten schrie auf, wischte sich die blutende Nase: »Dieser Teufel – hat mir den Kolben ins Gesicht gestoßen, so'n Schweinehund...«

Der LKW mit den Marodeuren rollte vom Hof. Wir rannten auf die Straße, es glückte mir, aufs Trittbrett zu springen, die Pistole durchs Fenster zu stoßen. Der Kerl in der Fahrerkabine, bepackt mit irgendwelchen Plüsch- oder Samtvorhängen, stieß meine Hand zurück und schlug mir ins Gesicht. Der Motor heulte auf. Ich fiel rückwärts auf jemanden, der mit mir gelaufen war, und begann zu schießen. Auch die anderen schossen den Flüchtenden aus ihren Pistolen nach. Der junge polnische Polizist fragte aufgeregt: »Pan Kommandant, darf ich auch?« und schoß knieend aus seinem Gewehr.

Der LKW entkam, aber über die Häuser flogen Blendraketen. Vom Eckhaus, in dem der Bataillonsstab einquartiert

war, kamen Soldaten angelaufen. »Wer schießt denn da?«
Am Tag nach diesem Zwischenfall kam Sabaschtanskij beim Divisionsstab auf dem Berg an und schickte von dort Major Bechler zu uns. Er sprach telefonisch mit Nepotschilowitsch; Galina und ich waren vorne.

»Was fällt euch ein, hier Polizei zu spielen? Behindert die Kampfordnung, zieht Soldaten zum Polizeidienst ab und drückt euch vor euren eigentlichen militärischen Aufgaben. Die Führung hier ist äußerst ungehalten. Es ist nicht eure Aufgabe, Marodeure zu fangen und Zetermordio zu schreien, wenn irgendwo ein Soldat sich ein deutsches Flittchen greift – meinetwegen auch ein Polackenweib, das ist völlig gleichgültig! Und Sie, Genosse Major, geben gefälligst keine Widerworte, sondern empfangen einen Befehl, den Sie auch an Major Kopelew weiterzugeben haben, soweit er für die Operationen verantwortlich ist. Folgende Kampfaufgaben sind zu erfüllen: den Feind zersetzen, sich nicht durch Nebendinge ablenken zu lassen, wie etwa alle Arten von Humanitätsduselei! Ich schicke Ihnen den Frontbeauftragten des Nationalkomitees Freies Deutschland, Major Bechler. Setzen Sie ihn hundertprozentig ein, aber mit Umsicht, ohne die Wachsamkeit zu vernachlässigen. Verstanden?«

Oberst Smirnow, Chef der Korps-Politverwaltung, fing nach dieser Maßstäbe setzenden Visite Sabaschtanskijs an, uns zu kontrollieren. Mehrmals kamen Melder aus dem Regimentsstab, die uns an den Draht riefen. Smirnow verlangte von uns tägliche Vorlage unserer Tagesarbeitspläne, Bericht über ihre Durchführung und die Texte unserer Sendungen. Ich vermied nach Möglichkeit die direkten Telefongespräche, schob uns weiter vor, an die vorderste Linie heran, und verfaßte höfliche schriftliche Berichte, die telefonisch durchgegeben wurden: soundso viele Sendungen, soundso viele Gefangene verhört. Und die Pläne sahen so aus: Fortsetzung der Tätigkeit des gestrigen Tages an der Kreuzung so und so...

Kein einziges Mal habe ich Oberst Smirnow zu Gesicht bekommen, und nur einmal vernahm ich sein wütendes Schimpfen durchs Telefon.

Am 2. oder 3. März begann ein neuer Sturmangriff: wir gingen zusammen mit dem 6. Regiment vor.

In der ersten Nacht überschritt das Regiment den Trinka-Kanal. Der Kanal war kaum breiter als eine normale Straße, aber die Brücken waren demoliert. Dort, wo wir hinübergingen, gab es nur noch Brückenreste und ein Stück gußeisernes Geländer. Wir kamen ziemlich schnell hinüber, ohne besondere akrobatische Verrenkungen und fast ohne Störung. Nur einer unserer Begleitsoldaten bekam eine MP-Kugel in die Schulter.

Galina versorgte ihn im nächsten Hausflur. Er fluchte dabei ein paarmal gewaltig – sich nach jedem Fluch höflich entschuldigend –, und nachdem er mit einem Beute-Verbandspäckchen verbunden worden war, ging er mit uns weiter, sagte nur: »Bis zur Hochzeit verheilt's.«

Im Städtischen Gymnasium befand sich das deutsche Lazarett. Wir kamen von der Gartenseite heran. Die Straße auf der anderen Seite des Gartens lag unter Beschuß. Aber an den bronzierten Spitzen der eisernen Gitterstäbe hingen einige weiße Fahnen mit dem roten Kreuz.

Im Lazarett kam uns ein Oberstabsarzt im weißen Kittel über dem Uniformmantel entgegen. Er sprach einwandfrei Russisch mit weichem Petersburger Akzent.

»Ich bin in Leningrad zur Schule gegangen – damals hieß es Petrograd –, ins Gymnasium. Mein Vater war auch Arzt, wir wohnten am Litejnij-Prospekt. Das Lazarett ergibt sich ohne Widerstand. Wir vertrauen auf Ihre Radio-Übertragungen, wir glauben an die Großmut der siegreichen russischen Armee. Hier in den Kellern liegen 246 Verwundete, zum Teil Schwerverwundete. Wir appellieren an Hochherzigkeit und Erbarmen. Die deutsche Führung hat befohlen, das Lazarett in keinerlei Kampfhandlungen einzubeziehen. Bitte, ich bitte Sie sehr, das Lazarett nicht als Stellung, als Befestigung zu benutzen.«

In den großen Garten strömten unablässig neue Soldatengruppen. Aber auf der Straße an der Frontseite des Gymnasiums lagen die Deutschen. Einige Brände rechts und links erhellten breite Häuserblocks. Unmittelbar gegenüber dem Haupteingang der Schule stieg eine enge steile Gasse wie ein schmaler Spalt zwischen den hohen, dunklen Häusern aufwärts – die Berggasse. An ihrem steilsten Abschnitt versperrte eine Backstein-Barrikade den Durchgang; jenseits der Barrikade wand sie sich einen dunklen Hügel empor, an dessen Hang Schützengräben ausgehoben waren, auf der Höhe befand sich hinter Ziegelmauern das Fort.

Die Deutschen beschossen das Lazarett tatsächlich nicht. Einige unserer Soldaten traten aus dem von den Bränden in der Nachbarschaft erleuchteten Hauptportal, zu dessen beiden Seiten sich akkurate, rechteckig gestutzte Büsche hinzogen – eine lebende Hecke vor den schmalen Vorgärten. Die Männer bemerkten auf der gegenüberliegenden Straßenseite an der Ecke das Aushängeschild einer Bierstube, und zwei liefen sofort hinüber. Rechts und links ratterten sofort MP-Salven, klatschten einzelne Schüsse.

Der Kompanieführer, ein stämmiger Leutnant in Kosakenpelzmütze und deutscher Fliegerlederjacke fluchte in heiserem Tenor: »Wohin rennt ihr ohne Befehl – Hundesöhne! Zurück!«

Andere Soldaten suchten Deckung hinter den Büschen der Vorgärten. Im Vestibül des Lazaretts brachte man schon ein MG in Stellung. Der Oberstabsarzt rief erschrocken:

»Herr Offizier! Ich bitte Sie, ich flehe Sie an – hier ist ein Lazarett...«

Der Leutnant schnauzte ihn an, sah dann fragend auf uns, die beiden Gast-Majore, und befahl, ohne erst lange auf unsere

Meinung zu warten: »Feuer einstellen! In allen Stockwerken Stellungen beziehen! Nicht schießen ohne ausdrücklichen Befehl!«
Er versuchte, die auf die andere Straßenseite Hinübergelaufenen zurückzubeordern. Aber schon barst drüben klirrend die Schaufensterscheibe des Bierlokals, und eine jungenhafte Stimme rief: »Genosse Leutnant! Wir können jetzt nicht zurück, die Scheißfritzen schießen wie verflucht! Wir werden hier sichern.«
Während wir alle Stockwerke und die Keller kontrollierten, hatten andere Offiziere und Soldaten den Oberstabsarzt mit einigen Ärzten und Schwestern gefangengenommen und in den Regimentsstab gebracht. Wir konnten ihnen rasch helfen, brauchten dem Oberstleutnant nicht einmal zuzureden. Er befahl sofort: »Ärzte und Schwestern unverzüglich zu den Verwundeten!«
Aber in der Zwischenzeit, wie uns der Leutnant – der Kompanieführer – mitteilte, hatten ein paar Hitzköpfe aus der Divisionsaufklärung es fertiggebracht, einen verwundeten Offizier zu erschießen. Er habe eine SS-Fresse gehabt. Die Aufklärer schimpften, sie hätten einen gefallenen Genossen rächen wollen. Ein anderer Augenzeuge berichtete, der Deutsche habe russisch gesprochen, noch dazu Mutterflüche benützt, da hätten die Aufklärer gesagt: »Das ist ein Wlassow-Mann!« und ihn sofort in den Hof geschleppt und erschossen.
Ein anderer, auch Leichtverletzter, war ins Gesicht geschlagen worden, vermutlich auch von diesen Heißspornen.
Bis Tagesanbruch hatten wir im Lazarett die Ordnung wiederhergestellt; und nach dem Prinzip: »Wer den Stock aufnimmt, der ist Korporal«, ernannte ich Galina zum Lazarett-Chef. Der Kompanieführer, der seinen Gefechtsstand im Erdgeschoß bezog, gab ihr ein paar Leichtverwundete zum Schutz bei. Sie säuberten die Keller rasch von Unbefugten. In

einem abgelegenen Raum stöhnten Schwerverwundete, einer mit verbundenem Kopf wälzte sich hin und her, phantasierte: »Volle Deckung! Feuer!« und heulte unartikuliert.
Die Leichtverwundeten unterhielten sich schon friedlich mit unseren Soldaten, tranken mit ihnen aus Bechern und Kochgeschirren irgendwelchen undefinierbaren Sprit und grölten: »Wojna – Scheiße! Krieg kaputt – Ruß karosch – Ruß Soldat karosch...«
Galina und Nepotschilowitsch inspizierten die Vorräte, wiesen die Köche an die Arbeit; die Verwundeten erhielten ein Frühstück, wie sie – so versicherten einige – seit Kriegsbeginn keins mehr gehabt hatten.
Bechler und ich verhörten einige Leichtverwundete, suchten geeignete Leute zum Einschleusen aus. Schnell fanden sich Freiwillige – wir wählten zwei junge Obergefreite –, der eine mit einer Handverletzung, der andere mit einer leichten Schulterwunde.
Bechler und ich gaben ihnen ein Schreiben an den Fort-Kommandanten, in dem wir zur Übergabe aufforderten und ehrenhafte Bedingungen versprachen. Außerdem versorgten wir sie mit Flugblättern des Nationalkomitees Freies Deutschland.
Nachdem es hell geworden war, gingen sie mit einer Rote-Kreuz-Fahne zum Hauptportal hinaus und geradewegs die Berggasse aufwärts. Niemand schoß auf sie, obwohl die rechts und links angrenzenden Straßen noch von Deutschen besetzt waren und die Detonationen der Granaten herüberdröhnten. Unsere Kampfsicherung in der Bierstube – es waren nicht mehr zwei, sondern schon ein gutes Dutzend Soldaten – begrüßte sie mit betrunkenen, aber freundschaftlichen Zurufen.
Der Leutnant in der Kosakenmütze rannte aus dem Portal und röhrte: »Laßt sie in Ruhe! Verdammt noch mal! Laßt die Parlamentäre passieren!«

Nepotschilowitsch und ich brüllten mit: »Parlamentäre passieren lassen!«
Über der Backstein-Barrikade oben in der Gasse tauchten Köpfe in Helmen auf. Auf dem Hügel vor dem Fort erschienen ein paar Landser in langen grauen Mänteln.
Auch aus einigen Fenstern der Berggasse streckten sich behelmte Köpfe heraus. Fragten was. Unsere Abgesandten antworteten. Aus einem Fenster flog ein leichtes MG und schlug klirrend aufs Pflaster. Zwei deutsche Soldaten gesellten sich zu den Parlamentären, dann noch einer und noch einer – schließlich fand sich in der Gassenmitte eine ganze Gruppe unbewaffneter Soldaten ein; einige folgten den Parlamentären. Nepotschilowitsch, Bechler und ich rannten nun hinaus, darauf bedacht, daß unsere betrunkene Kampfsicherung keine Kampfhandlungen eröffne. Aus der Querstraße rechterhand peitschten einzelne Schüsse, knatterte eine kurze MP-Salve, als wir sie kreuzten. Aber frontal wurde nicht mehr geschossen. Hinter uns, beim Eingang zum Gymnasium, vereinzeltes Hurrarufen.
Der Leutnant übertönte die Schreier: »Aufhören mit Hurra – nicht schießen!« Bei den Deutschen auf der Straße kurze Verwirrung – einer stürzte ins Haus zurück. Wir winkten mit unseren Mützen: »Kameraden, keine Angst!«
Nepotschilowitsch rief den Unsrigen zu: »Genossen, Ordnung halten! Die wollen sich ergeben. Nicht schießen – erschreckt sie nicht – verhaltet euch diszipliniert, dann werden sich auch die anderen ergeben.«
Bechler und ich riefen auf deutsch: »Kameraden, laßt die Parlamentäre passieren. Kommt zu uns!« Wieder beugten sich Soldaten aus den Fenstern. Einer fragte: »Wer seid ihr?«
Zum erstenmal sprach ich zu bewaffneten deutschen Soldaten nicht durch einen Lautsprecher, sondern unmittelbar, Auge in Auge.
»Wir sind Offiziere der Roten Armee und versprechen euch

im Namen unseres Oberkommandos, daß euch nichts geschehen wird. Und das ist Major Bechler vom Nationalkomitee Freies Deutschland.«
Bechler rief in knappem Kommandoton: »Alles herhören! Unverzüglich Waffen weg! Herauskommen!«
Die Parlamentäre waren mittlerweile schon hinter der Barrikade verschwunden. Wir gingen weiter die Gasse hinauf, teils auf dem Fahrdamm, teils auf dem Bürgersteig, sprachen mit den aus den Häusern kommenden Soldaten. Nepotschilowitsch stieß zu uns. Er konnte kein Deutsch, aber um so ausdrucksvoller schmetterte er die wenigen Worte, die er kannte: »Kammratt, komm, komm! Gefangengerrettett – Krieg – Scheiße! Kamratt, komm!«
Nepotschilowitsch, ein hochgewachsener, breitschultriger Bjelorusse mit treuherzigen hellgrauen Augen, verfügte über das breiteste, gutmütigste Lächeln, das sich um seine große rosafarbene Nase legte und sein langes, knochiges Gesicht ungemein verschönte. Er sprach fröhlich mit den deutschen Soldaten in deutsch-polnischem Kauderwelsch.
Aus einem Torweg schrillte polnisch eine fieberhaft aufgeregte, begeisterte Bubenstimme: »Die Russen kommen! Die Russen kommen!«
Nun war Nepotschilowitsch in seinem Element: »Es lebe das freie Polen! Es lebe die russisch-polnische Freundschaft!«
Eine großäugige junge Polin klammerte sich an mich, eine andere küßte mich, hochspringend, auf die Backe, ein grauhaariger Pole schüttelte meine eine Hand, die andere hielt ein Bürschchen fest, rief unermüdlich: »Die Russen kommen! Die Sowjets kommen!« Wieder ein anderer schob mir eine Flasche Wodka in die Manteltasche. Nepotschilowitsch war in der Menge ihn umringender, begeistert jubelnder Frauen und Kinder regelrecht untergetaucht und schon gar nicht mehr zu sehen.
Da ratterte von oben, vom Fort her, ein MG. Die Salve zerriß

die Luft, prallte an eine Hauswand, Fenster zersplitterten. Alle suchten Deckung an Hausmauern und in Eingängen. Drei tote deutsche Soldaten lagen auf dem Straßenpflaster. Unsere MG-Schützen erwiderten aus den der Barrikade zunächst gelegenen Haustüren und Fenstern. Der Leutnant in der Kubanka befahl, auf Dächern und an Fenstern Stellung zu beziehen. Major Bechler drängte: »Man muß die Leute in einem Hof sammeln, einen Dienstältesten einsetzen.«
Wir riefen: »Rechts im Hof antreten! In Zweierreihen!«
In einem langen, engen, knieförmig gebogenen Hof stellten wir eine Kolonne auf – 72 Mann. Zwei Schwerverwundete legte man auf notdürftig aus Brettern montierte Tragen. Sie wurden zusammen mit ein paar Leichtverwundeten ins Lazarett gebracht. Bechler und ich verhörten die Gefangenen kurz: sie gehörten alle zur 250. Division des Generalmajors Fricke, des Kommandanten der Festung Graudenz und Chefs der ganzen Garnison.
Nepotschilowitsch »mobilisierte« schon ein paar junge Polen, befahl ihnen, sich mit deutschen MPs und Karabinern zu bewaffnen und die deutschen Gefangenen zu bewachen. Zum Chef der Wachtposten bestimmte er einen unserer Sergeanten, der nur eine Handverwundung hatte.
Vom Fort her wurde nicht mehr geschossen. Nur aus einer Querstraße hinter der Barrikade fielen vereinzelt Schüsse. Während wir die Gefangenen verhörten, mit den Einwohnern sprachen, die nach und nach ihre Keller verließen, rückte schon der Regimentsstab auf die Berggasse vor und quartierte sich in einem der ersten Häuser ein. Der Hausherr, ein älterer Rechtsanwalt, seine Frau und seine Tochter – Frau eines polnischen Offiziers – nahmen uns sehr freundlich auf: durch alle Räume zog bald das Aroma von bratendem Fleisch, warmem Teig und Gewürzen.
Der Oberstleutnant und sein Sampolit waren sehr zufrieden. Die Kampfaufgabe des Regiments war übererfüllt: diese

Blocks sollten erst in der Nacht – mit Artillerieunterstützung – gestürmt werden. Und nun waren sie ohne Verluste genommen, auch das Nachbarbataillon bewegte sich schon auf das morgige Ziel zu – die Deutschen liefen einfach davon, als sie uns hier spazierengehen sahen.
Von der Straße Geschrei, Rufe: »Sie kommen! Sie kommen!«
Die Parlamentäre kamen zurück. Sie brachten eine Note des Fortkommandanten Hauptmann Findeisen: »Ich bitte den deutschen Major, zu Verhandlungen ins Fort zu kommen. Ich bitte, während dieser Zeit das Feuer einzustellen.«
Unsere Abgesandten waren erregt, sprachen durcheinander: »Den Landsern hängt alles zum Hals raus – haben die Nase voll... Alle haben uns gefragt... Nein, nein geschimpft hat keiner, auch nicht gedroht. Die haben nur gefragt, wie die Russen sind, ob sie sehr wütend sind.«
Bechler und ich schickten sie unverzüglich mit einer neuen Note zurück. Ich schrieb: »Hauptmann Findeisen! Verhandlungen können nur am Standort der sowjetischen Truppen geführt werden. Ihre Lage ist hoffnungslos. Wenn Sie den Widerstand fortsetzen, machen Sie sich schuldig an weiterem sinnlosen Blutvergießen. Allen, die sich ergeben, garantieren wir das Leben und die Rückkehr in die Heimat. Bei Widerstand wird kein Pardon gegeben.«
Bechler schrieb, er rate dem Hauptmann, der Stimme der Vernunft zu gehorchen, zu begreifen, daß Ehre und Pflicht des Offiziers gebieten, an das Schicksal der Soldaten und der Zivilbevölkerung zu denken.
Vom Fort her wurde nicht mehr in die Berggasse hinuntergeschossen. Das Fort schwieg. Auf dem Hügel zeigte sich keine Seele. Unsere Aufklärer versicherten, die Deutschen hätten die Gräben am Hang geräumt. Beide Parlamentäre gingen mit unseren Noten und weiteren Flublatt-Päckchen wieder los. Unsere Soldaten begleiteten sie in aller Offenheit. Die Leichen der drei toten Deutschen zogen sie vom Fahrdamm und

legten sie an den Rand des Bürgersteigs. Nur aus weiter entfernten Stadtteilen war Kampflärm zu hören.
Der Zugführer hatte Feuerstellungen in den Eckhäusern bei der Barrikade postiert. Von dort aus gingen die Parlamentäre nach rechts durch eine Gasse, die zum Forteingang hinaufführte. In dieser Gasse wurde noch gelegentlich aus Wohnhäusern geschossen. Eine Toreinahrt bei der Barrikade war von einer MG-Bedienung besetzt worden. Junge Soldaten sicherten eilig die Feuerstellung mit Säcken, erbeuteten Kabelrollen und anderem Plunder. Ein sehr junger, sehr großer, langbeiniger Sergeant – sein Mantel reichte ihm kaum bis zu den Knien, und die roten Hände ragten weit aus den Ärmeln heraus – folgte den Parlamentären um die Ecke in die Gasse hinein, drehte aber sofort wieder um, hielt sich die Backe: »Die Arschlöcher schießen!«
Eine Kugel hatte sein Jochbein gestreift und das Ohrläppchen verletzt, es blutete stark, er fluchte wild und krächzte: »So sind die, das nennen sie sich ergeben, die Halunken! Jetzt aber ran, Leute! Jetzt zeigen wir denen aber mal richtige Agitation!«
Von der Feuerstellung in der Toreinfahrt aus konnte man das Feuer nur die Berggasse aufwärts zum Fort richten und auf den Teil der Querstraße, von dem aus nicht mehr geschossen wurde.
Ich schnauzte den Sergeanten an, er habe hier nicht auf eigene Faust Krieg zu führen, er solle abhauen und sich verbinden lassen. Der lechzte aber nach sofortiger Rache, drückte einen Lappen auf die Wunde und gab zurück: »Sie führen Gespräche mit denen, schreiben ihnen Briefchen, aber die – die schießen, die Hunde... Nein, mein Blut verzeihe ich denen nicht. Und jetzt drauf, Leute!«
Ich brüllte: »Nicht schießen! Verhandlungen nicht stören!«
Der Sergeant schrie zurück: »Sie stören ja die Verhandlungen, diese Sauhunde, mich hätten sie beinah umgebracht.«

»Sergeant, gehorchen Sie dem Befehl eines Offiziers! Lassen Sie sich verbinden.«

»Sie sind hier nicht der Chef. Hier ist vorderste Linie! Sie können über Fritzen befehlen... Und die, die schlagen uns tot...«

Die Soldaten hörten dem Wortwechsel zu, einige aus einem anderen Zug kamen heran. Jemand unterstützte den Sergeanten, wies auf die Leichen: »Da, haben die eigenen Leute erschossen, die sich ergeben hatten. Denen darf man nicht trauen...«

Andere versuchten zu beschwichtigen: »Gehorch gefälligst dem Major! Was heißt denn hier vorderste Linie? Du führst den Kampf nicht an. Der Major ist für diesen Abschnitt verantwortlich, und Kampf ist hier überhaupt keiner...«

Der Leutnant kam dazu: »Was soll das Meeting hier? Auseinandergehen, sofort, alle an ihre Plätze. Es ist Kampfbereitschaft befohlen. Wo ist der Sanitäter? Sergeant, halt den Mund. Kein Feuer ohne Befehl.«

Von der Ecke her fröhliche Rufe: »Sie kommen... sie kommen!«

Sie kamen zu viert. Voran die beiden Parlamentäre mit der Rote-Kreuz-Fahne, hinter ihnen ein Offizier in Helm und langem Mantel, mit weißen Bandagen umwickelt. Die Binden waren kreuzweis über den Helm gelegt, überkreuzten die Brust, umgürteten ihn und baumelten an den Mantelschößen herunter. Ein Soldat, genauso umwickelt, begleitete ihn. Wir gingen dem dicken, burgundergesichtigen Hauptmann entgegen. Unsere Leute umringten sofort die ganze Gruppe. Der Hauptmann grüßte, die Hand am Helm, und fragte mich mit erschrocken und verwundert aufgerissenen Augen: »Sind Sie Major Bechler?«

»Nein, ich bin russischer Major. Bitte stellen Sie sich zunächst selbst vor!« Er grüßte noch einmal, wobei er leicht schwankte. Er war betrunken: »Hauptmann und Bataillons-

kommandeur Findeisen, Fortkommandant. Ich will mit dem deutschen Major vom Nationalkomitee Freies Deutschland sprechen. Ich bitte um Waffenstillstand und Bedenkzeit.«
»Dies ist Major Bechler.«
Bechler nickte knapp. Aber der Hauptmann, die Hand am Helm, vermochte fast eine Minute lang nicht seine weitaufgerissenen Augen von ihm loszureißen. Schließlich sagte ich: »Sämtliche Verhandlungen werden im Stab geführt werden. Sie kommen mit uns zum Oberstleutnant, dem dienstältesten Offizier, der diesen Abschnitt befehligt.« (Aus alter Gewohnheit nannte ich die Dienststellung nicht.)
Schon vorher hatte ich den Kompanieführer beauftragt, schleunigst den Regimentskommandeur zu benachrichtigen. Wir gingen die Berggasse hinunter. In hellen Scharen zogen Soldaten hinter uns her. Kinder kamen aus den Häusern gelaufen, Zivilisten sahen uns nach. Als wir bei den Leichen der drei deutschen Soldaten vorbeikamen, machte Findeisen vor jedem einzelnen die Ehrenbezeigung. Die Unseren unterhielten sich: »Guck mal, wie der seine Soldaten achtet! So machen die das: die Toten ehren, aber den Lebenden in die Fresse...« Bechler, der neben dem Hauptmann ging, sagte: »Diese deutschen Soldaten wurden von Ihren Kugeln getötet – vor einer Stunde... Aus Ihrem Fort wurde in eine Kolonne Kriegsgefangener geschossen...«
»Schrecklich... schrecklich! Das habe ich nicht gewollt. Ich habe keinerlei entsprechenden Befehl gegeben.«
»Aber Ihre Soldaten haben geschossen. Deutsche auf Deutsche. Soweit ist es mit Ihnen gekommen! Das Nationalkomitee hat oft genug davor gewarnt.«
Der Oberstleutnant trat aus dem Haus und ging uns entgegen. Er hatte schon Zeit gefunden, seinen neuen Waffenrock mit den goldenen Schulterstücken anzuziehen – führte ihn also sogar während der Kämpfe stets mit sich –, und sah sehr bedeutend aus. Ich sprang vor, knallte die Hacken zusam-

men, stand stramm und meldete mit schallender Stimme, damit alle unsere Leute und auch die Polen hören konnten, was für ein außerordentliches Ereignis stattfand: »Genosse Oberstleutnant, der Fortkommandant, Hauptmann Findeisen, bittet um die Erlaubnis, eine Bitte vortragen zu dürfen!« Findeisen schnaufte, warf sich in die Brust, knallte die Hakken zusammen, die Hand – mit der Handfläche nach außen – am Helm.

Der Oberstleutnant zögerte, und nachdem er mir die Hand gereicht hatte, als träfen wir uns heute zum erstenmal, blinzelte er und flüsterte: »Was jetzt? Muß ich ihm die Hand geben?«

Im gleichen Flüsterton gab ich zurück: »Noch nicht. Lassen Sie ihn mit ins Haus kommen.«

Laut sagte er: »Ich bitte Herrn Hauptmann, mir zu folgen.«

Wir gingen hintereinander ins Haus. Im Treppenhaus drängten sich die Bewohner. Frauen keiften ihre Buben an, die bäuchlings über dem Treppengeländer hingen.

Im Salon des Rechtsanwalts hatte die Hausfrau auf ein Tischchen neben die Feldtelephone ein Tablett mit Kaffee und eine Schale mit Gebäck gestellt. Alle setzten sich, auch Findeisen, ohne den Mantel aufzuknöpfen. Er sprach hastig, abgerissen, über seine roten Backenknochen rollten ein paar dünne Tränen: »Ich bin deutscher Offizier... mein Eid... das eherne Gesetz der Pflicht... die Ehre des Offiziersstandes... Befehl höher als Leben... das Kriegsglück ist veränderlich... es geht nicht um mich... ich spreche nicht von mir... ich verstehe... ich vertraue der Großmut der russischen Führung... Großmut ist die Zierde des Siegers... ich darf nicht kapitulieren ohne den Befehl des dienstältesten Kommandeurs, Generalmajor Fricke... Er ist der Divisionskommandeur und Kommandant der Festung Graudenz... Ich muß seine Genehmigung einholen... Ich bitte daher um einen Waffenstillstand, damit ich den General persönlich über die

Lage unterrichten kann. Ich hoffe, ihn zu überzeugen... Ich bitte um zwölf Stunden Bedenkzeit.«

Ich übersetzte und fügte rasch hinzu: »Geben Sie ihm die nicht! Er ist selbst gekommen, also ist er ›reif‹. – Geben Sie ihm nicht mehr als eine Stunde.«

Der Oberstleutnant hörte zu und schlürfte seinen Kaffee. Er verhielt sich höflich-zurückhaltend und genoß die Situation über die Maßen. Zum erstenmal in seinem Leben empfing er einen feindlichen Parlamentär. Und dann gleich so einen gewichtigen, breitmäuligen und – heulenden.

»Sagen Sie ihm, daß ich eine so lange Waffenruhe nicht zubilligen kann. Er als Frontoffizier wird das verstehen. Ich habe auch meine Befehle. Unsere Truppen sind an der ganzen Front im Vormarsch. In kann nicht meinen Abschnitt allein zurückhalten.«

Findeisen lief die Nase, er schniefte ungeniert und benutzte das Ende einer seiner Binden als Taschentuch.

»Ich bitte sehr, ich bitte nachdrücklichst – wenigstens bis zum Abend... nur bis zum Abend... ich appelliere an Ihren Edelmut... Ich werde dem General die Aussichtslosigkeit der Lage schildern.«

»Fragen Sie ihn, was er zu tun beabsichtigt, wenn der General seine Erklärung nicht akzeptiert und befiehlt, den Widerstand fortzusetzen.«

»Dann kapituliere ich. Das werde ich auch dem General mitteilen. Zunächst bitte ich um die Genehmigung. Erhalte ich sie nicht, melde ich, daß ich nicht anders kann, und kapituliere.«

»Warum brauchen Sie soviel Zeit zu dieser Besprechung! Ihr General befindet sich in der Kaserne, einige hundert Meter von Ihnen entfernt. Sie haben direkte Verbindung...«

»Es kann sein, daß er mich zur persönlichen Berichterstattung befiehlt...«

Ich übersetzte und fügte hinzu: »Geben Sie nicht nach. Wenn

der General ihn kommen läßt, dann wird er ihn prompt wegen Feigheit vor dem Feind festsetzen und einen anderen Fortkommandanten ernennen.«

Der Oberstleutnant erhob sich langsam und würdevoll, wir sprangen alle auf. Er richtete sich majestätisch hoch auf und sagte:

»Ich gebe Ihnen zwei Stunden Bedenkzeit. Vergleichen wir die Uhren: nach Moskauer Zeit ist es sechzehn Uhr dreißig, nach Ihrer Zeit also vierzehn Uhr dreißig. Ich werde bis achtzehn Uhr dreißig Moskauer Zeit warten. Danach: Feuer aus allen Rohren! Das bedeutet rücksichtslose Vernichtung und kein Pardon.«

Ich übersetzte und sprach jedes Wort so drohend wie möglich, damit es in das umnebelte Gehirn des Betrunkenen eindringe. Er hatte Haltung angenommen, leicht schwankend, hob die Hand zum Helm: »Zu Befehl! Jawohl!«

Bechler, der bisher geschwiegen hatte, sagte leise und hart: »Die beiden Parlamentäre begleiten Sie, Hauptmann, Sie sind verantwortlich für Leben und Ehre der beiden Männer.«

»Jawohl!«

Zum Abschluß fragte ich: »Sie geben also Ihr Offizierswort, daß Sie unsere Übereinkunft einhalten werden?«

»Jawohl! Mein Ehrenwort!«

Daraufhin reichte ich ihm die Hand. Der Oberstleutnant, sein Sampolit und Bechler ebenfalls. Findeisen schlug bei jedem Handschlag die Hacken zusammen, verbeugte sich und weinte, ohne die Tränen abzuwischen.

Bechler, ich, der Bataillonskommandeur, durch dessen Stellung wir jetzt gingen, sein Adjutant und einige Soldaten begleiteten Findeisen mit seiner Ordonnanz und den beiden Parlamentären mit der Rote-Kreuz-Fahne.

Als ich später dem Oberstleutnant vorwarf, er habe Findeisen zuviel Zeit geschenkt, winkte der nur fröhlich ab:

»Wieso denn? Ich habe doch überhaupt keine schweren Waffen, kann nur leichte Granatwerfer ranziehen. Gibt ja noch keine richtigen Brücken wieder über den Kanal. Drohen kann ich gut: Feuer aus allen Rohren. Bloß, wo sind meine Rohre? ›Stark sind meine Armeen – nur weit hinter Wäldern und Seen.‹ In zwei Stunden kommen Sturmgeschütze – der General hat es mir fest zugesagt, dann können wir anders reden; dann, bitte schön, höchstens 10 Minuten Bedenkzeit – und auf geht's!«

Wir besuchten Galina im Lazarett. Dort herrschte tadellose Ordnung.

Nepotschilowitsch war es inzwischen schon gelungen, so etwas wie eine politische Vertretung der Bevölkerung einzuberufen. Er hatte in diesem Viertel ein oder zwei Mitglieder der polnischen Sozialdemokratischen Partei und noch ein par »sehr antifaschistisch eingestellte Intellektuelle« aufgetrieben. Mit ihrer Hilfe rekrutierte er Leute für die polnische Miliz und bewaffnete sie mit deutschen Gewehren. In einigen Wohnungen nähte man eilig riesige Mengen rotweißer Armbinden. Ich hatte den Eindruck, es wären genug, um die ganze Stadt damit zu versorgen.

Der Regimentskommandeur lud uns zum Essen ein. Nepotschilowitsch brachte einen älteren Herrn mit – scharfnasig mit grauem, dünnem Schnurrbart, auf der blassen Glatze schimmerten sorgfältig gekämmte dünne, schwarzsilbern melierte Haare. Nepotschilowitsch stellte ihn feierlich als standhaften Antifaschisten vor: Führer der Sozialisten in Nordpolen.

Regimentskommandeur und Sampolit fühlten sich etwas unbehaglich durch die Verzwicktheit und Delikatesse ihrer diplomatischen Mission. Wie verhält man sich gegenüber dem Vertreter eines verbündeten Landes, der zugleich Führer einer Partei ist, von der bei uns schließlich jedes Kind weiß, daß sie eine »sozial-faschistische« ist? Nepotschilowitsch bewillkommnete den alten Herrn auf polnisch und auf russisch, ich tat es ihm nach.

Unser Gast bemühte sich, unauffällig die Falten seines Jakketts zu glätten, das bestimmt früher einmal sein »guter Anzug« gewesen war. Offenbar war er sehr hungrig. Er schluckte krampfhaft, hielt sich aber im Essen sehr zurück, aß langsam, trank in ganz kleinen, vorsichtigen Schlucken. Während des Essens trank er nur zwei kleine Gläschen Cognac, trotzdem rötete sich sein Gesicht immer mehr, Schweiß überzog es wie ganz feiner Tau. Allmählich begann er auch zu lächeln und wurde mitteilsam:

»Graudenz war immer eine polnische Stadt. Bei uns gab es viel weniger Volksdeutsche als in Thorn oder Bromberg. Wir waren eine Soldatenstadt, schon zur Kaiserzeit eine sehr große Garnison: Kavallerie, Artillerie, Pioniere. Die Forts und die Festung Courbière, zwei Kilometer nördlich der Stadt, hat schon Friedrich von Preußen bauen lassen. Erst unter Wilhelm wurden die Anlagen modernisiert, und dann hat Pilsudski sie noch einmal modernisiert, so blieb Graudenz, auch als es wieder zu Polen gehörte, eine Soldatenstadt: Ulanen, Kadettenanstalt, Militärflugplatz. Bei uns wurde gewitzelt: ein Viertel aller Zivilbewohner sind Soldatenkinder, ein Viertel Offizierskinder, ein Viertel ihre Mütter, das letzte Viertel ihre Großväter, Großmütter und betrogenen Ehemänner.

Die Nazis hielten hier ein sehr scharfes Regiment. Viele Geiseln haben sie erschossen oder erhängt. Gauleiter Koch hatte die bestialischsten SS-Männer hierher kommandiert. Und der noch amtierende Kreisleiter ist ein Fanatiker. Darum verteidigen sich die Deutschen so verbissen. Dieser General Fricke hat nicht nur Angst vor dem Kreisleiter, sondern auch vor dem Stabschef der Festung – für die Festung haben sie einen Extra-Stab. Dieser Chef heißt François. Seine Vorfahren waren französische Refugiés. Die ganze Sippe – sicher schon seit mehr als 200 Jahren – immer Offiziere und Generäle. Sein Papa war im ersten Krieg Ludendorffs rechte Hand. Er, der jüngste Sohn, war noch voriges Jahr bloß Leutnant, führte nicht mal eine Kompanie, bloß einen Zug. Aber als dann im Juli die Generalsverschwörer Hitler erledigen wollten und in Berlin schon der Umschwung anfing, da half dieser François, die Verschwörer zu fassen. Und in einer einzigen Nacht kletterte er vom Leutnant zum Major, ein halbes Jahr später war er Oberst. Auch ein Fanatiker; aber es heißt, er sei tapfer. Bloß erbarmungslos gegen alle, auch gegen die eigenen Leute. Der General fürchtet ihn, der Kreisleiter ist sein bester Freund...«

Vom Korridor her laute Stimmen, fröhliches Rufen: »Die Deutschen ergeben sich, sie kommen! Eine ganze Kolonne.«

Seit Findeisens Abgang war kaum mehr als eine Stunde verstrichen; und schon kam die Berggasse hinab mit einer großen weißen Fahne (einem Bettlaken) ordentlich in Viererreihen eine Kolonne, voran flatterte ein Wimpel mit dem roten Kreuz. Die Spitze bildeten unsere beiden Parlamentäre und ein Offizier mit Pelzjoppe und Schiffchen, ein junger Oberleutnant. Er kommandierte: »Das Ganze halt!«, kam zu mir und übergab mir seine Pistole in einem Futteral aus Sämischleder. »Fort-Garnison – sieben Offiziere, 126 Soldaten und Unteroffiziere kapitulieren. Stellvertretender Kommandant Oberleutnant Soundso.«

»Wo ist Hauptmann Findeisen?«

»Er ging zum Divisionskommandeur. Die Offiziere unserer Garnison betrachten das Verhalten des Hauptmanns als eines Offiziers unwürdig. Er hat Ihnen sein Wort gegeben und dachte nicht im mindesten daran, es zu halten, überlegte sogar, in einem Überraschungscoup nach Norden durchzubrechen. Sämtliche Offiziere des Forts verweigerten ihm den Gehorsam. Außerdem war er total betrunken. Die Soldaten konnten ihn weder achten noch im vertrauen.«

Wir brachten die Offiziere zu Galina ins Lazarett. Sie wollten

die Verwundeten besuchen, sich überzeugen, daß sie tatsächlich anständig behandelt würden. Die Kolonne schickten wir, von zwei unserer Soldaten und einigen polnischen Milizionären begleitet, zum Sammelplatz.
Der Regimentskommandeur besichtigte das Fort, überzeugte sich, daß seine Bataillone die angrenzenden Wohnviertel besetzt hatten. Er kehrte sehr zufrieden in den Stab zurück und sagte: »Befehlsgemäß sollte dieser Stadtteil erst übermorgen genommen werden, aber wir haben auch schon den Straßenzug ostwärts besetzt – den Gefechtsstreifen der Nachbarn. Gut haben wir den Plan übererfüllt. Regelrecht ›Stoßarbeit‹. Ich habe schon General Rachimow Meldung erstattet. Er befahl, euch allen zu danken, und fragte, in welcher Form die beiden Parlamentäre zu belohnen seien.«
Einstweilen stopften wir ihnen die Taschen mit Zigaretten und Schokolade voll und ließen sie deftig zu Abend essen. Der Koch des Oberstleutnants richtete in der Nachbarwohnung eine regelrechte Großküche ein, zum technischen Leiter hatte er die Rechtsanwaltsfrau ernannt, der einige andere Damen assistierten.
Bechler und ich verfaßten eine Botschaft an Oberst Steuble, den Kommandanten des befestigten Kasernenviertels. Unter seiner Führung verteidigten sich nur noch ein Regiment der 250. Division und zwei Bataillone Volkssturm. Die anderen Regimenter, Reste der Division Hermann Göring und Volkssturm hielten den Nordrand der Stadt, nordöstlich der Kasernen, und die nördlichen Vorstädte einschließlich der Festung Courbière.
Diese Botschaft unterzeichneten wir zu dritt: der Oberstleutnant als Kommandeur der angreifenden Truppe; ich im Auftrag der Höheren Kommandostelle und Bechler als Bevollmächtigter des Nationalkomitees Freies Deutschland. Die Parlamentäre zogen wieder los. Wir begleiteten sie ein Stück. Es wurde schon dunkel; einige Straßen waren von Bränden

erhellt, in den anderen herrschte undurchdringliche Finsternis. Wo die neue vorderste Linie verlief, konnte niemand mit Bestimmtheit sagen.

Sadako Kurihara

1945 – Atombombe, Kapitulation, Besatzung

Am 10. März 1945 flogen amerikanische B 29-Maschinen einen Großangriff auf Tokyo, und 100 000 Einwohner kamen in den Flammen um. Seitdem nahmen die amerikanischen Angriffe auf die japanische Hauptinsel an Heftigkeit zu; nach und nach wurden die großen Städte im ganzen Land durch den Abwurf von Phosphorbomben in Brand gesetzt und zerstört.

Über der Stadt Hiroshima indessen erschienen zwar gelegentlich zwei, drei Aufklärungsmaschinen, doch von einem wirklichen Luftangriff blieben wir verschont – bis zum Abwurf der Atombombe am 6. August.

Andererseits waren im März die japanischen Truppen auf der Insel Iwojima bis auf den letzten Mann gefallen, war im Juni Okinawa nach völliger Zerstörung in gegnerische Hände geraten, und auch im Mutterland verstärkten sich die Anzeichen für eine bevorstehende Niederlage.

Da man in Hiroshima nicht wußte, wann der große Angriff erfolgen würde, hatte man Anfang August an zahlreichen Stellen in der Stadt die sechste sogenannte »Gebäude-Evakuierung« durchgeführt, und für den 6. August waren zehntausend Angehörige von den Schülerbrigaden, den Berufs- und den Volksfreiwilligenkorps mobilisiert, um die Trümmer der geräumten und von der Armee niedergelegten Häuser zu beseitigen. Dies geschah, um freie Plätze und Schneisen zu schaffen, die im Falle eines Luftangriffs das Ausbreiten der Feuersbrunst verhindern sollten. Der Anblick abgebrochener Gebäude, angefangen von großen traditionsreichen Tempeln und Schreinen bis hin zu Wohnhäusern, gehörte am Vorabend vor der Niederlage zum gewohnten Bild.

Die Kinder und die Alten hatte man fast alle zwangsweise

evakuiert, die Stadtbevölkerung war erheblich reduziert, und am Abend des 5. August war eine Verordnung verbreitet worden, derzufolge wegen eines zu erwartenden Großangriffs alle noch in der Stadt Verbliebenen, mit Ausnahme der für wichtige Luftschutzaufgaben Eingesetzten, in die nahe Umgebung flüchten sollten. So verbrachten die Bürger diese Nacht bei Verwandten oder Bekannten, suchten Schutz in den Bergen oder an den Flüssen.

Nachdem sie von ihren Zufluchtsorten zurückgekehrt und zu ihren Arbeitsstätten beziehungsweise zu den Einsatzplätzen ihrer Organisationen aufgebrochen waren, wurde Entwarnung gegeben, und bald darauf, es war 8 Uhr 15, fiel plötzlich die Atombombe.

Ich hatte meinen Mann und die beiden Töchter, Volksschülerinnen, versorgt, sie hatten das Haus verlassen, und ich war nun dabei, in der Küche das Frühstückszeug aufzuräumen, da lief auf einmal draußen vorm Fenster ein fahler Lichtblitz über uns hinweg. »Was war das? Die haben wohl versehentlich eine Leuchtbombe abgeworfen, oder?« dachte ich, war aber doch so unruhig, daß ich in den auf dem Acker hinterm Haus ausgehobenen Luftschutzunterstand rannte. Als ich den Oberkörper eben in den Unterstand geschoben hatte, traf mich eine gewaltige Explosionsdruckwelle am Gesäß. Es schmerzte entsetztlich.

Eine Weile hielt ich es im Unterstand aus; dann fielen mir die Kinder ein, und ich kroch wieder heraus. Den Plankenzaun um das Haus, der zuvor noch dagewesen war, hatte der Explosionsdruck weggeblasen, der Zaun war spurlos verschwunden; ebenso hatte es im Haus die Fenster, die Türen und die papierbespannten Schieberahmen herausgerissen, und in den Zimmern herrschte ein wildes Durcheinander von Glassplittern und zertrümmertem Mobiliar.

Ich lief los in Richtung Schule, um die Kinder abzuholen. Schüler, denen das Blut von den Köpfen troff, kamen mir auf der Straße entgegen. Unsere beiden waren ebenfalls schon auf dem Heimweg, ich traf sie weinend auf halber Strecke. Sie sahen, wie am westlichen Himmel eine pechschwarze und riesige pilzförmige Wolke unheimlich unter ständigem Brodeln in die Höhe stieg; sie hätten, sagten sie, solche Angst und klammerten sich weinend an mich.

Das Gion-Viertel, in dem wir wohnten, lag vier Kilometer vom Explosionszentrum (dem Punkt, über dem die Atombombe abgeworfen worden war) entfernt, so daß es hier von der Hitzestrahlung zwar leichte Fälle von Brandverletzungen gab, nicht aber jene so fürchterlichen Verbrennungen, auch war niemand unter vom Explosionsdruck zusammenbrechenden Häusern umgekommen. Andererseits hatten sich Strohdächer von Bauernhäusern unter der Hitzewirkung des Blitzes entzündet und waren hier und da in Flammen aufgegangen.

Etwa eine Stunde war seit dem Abwurf der Atombombe vergangen, da kamen in langen Reihen und schwerfälligen Schrittes Menschen an unserem Haus vorbei, die unmittelbar von der Bombe verletzt worden waren und nun talaufwärts ins Hinterland flüchteten. Die Haare auf ihren Köpfen waren verbrannt und struppig; manche, es war nicht mehr zu erkennen, ob Mann oder Frau, gingen, weil auch ihre Kleider verbrannt waren, halbnackt. Sie alle hielten beide Arme in Schulterhöhe nach vorn ausgestreckt, so daß sie, noch dazu barfüßig, wie Gespenster wirkten. Dabei schien diese Art, die Arme von sich zu strecken, eine durchaus natürliche Haltung zu sein: denn wenn die verbrannte Haut von anderer Haut berührt wurde, tat das weh. Stellenweise hatte sich die verbrannte Haut abgelöst; wie Lumpen hing sie in Fetzen den Dahinschleichenden von Armen und Beinen.

Diesen ganzen Tag lang zogen die gespensterhaften Bombenopfer auf der Flucht ins Hinterland die Straße vor unserem Haus entlang.

Mein Mann eilte an diesem Tag vom Werk Gion der Mitsubishi-Feinmechanik, wohin man ihn dienstverpflichtet hatte, in das nur 0,8 Kilometer vom Explosionszentrum entfernte Koami-Viertel, um 154 Kameraden zu retten, die dort zum Häuserabbruch eingesetzt gewesen waren. Unterwegs im Yokogawa-Viertel geriet er in den schwarzen Regen (einen strahlenverseuchten Regen); sein Hemd war davon wie mit Teer schwarz bespritzt, und auf dem Rückweg von der Rettungsaktion kam er kurz zu Hause vorbei, um es zu wechseln.

Am Abend, nachdem es kühler geworden war, setzte ich die beiden Kinder in den Fahrradanhänger und fuhr so die zwanzig Kilometer bis zu meinem Elternhaus, wo wir Zuflucht fanden.

Die Berge am Rande Hiroshimas, von der Hitzestrahlung der Atombombe entzündet, loderten rot in der Dunkelheit und färbten weithin den Himmel. Auf den Straßen rissen auch jetzt in der Nacht die langen Reihen der Bombenopfer nicht ab, die ins Hinterland flüchteten, und umgekehrt waren wiederum aus dem Hinterland pausenlos Menschen zu den zerstörten Gebieten unterwegs, um nach Verwandten und Bekannten zu suchen.

Ich ließ die Kinder bei meinen Eltern und kehrte am folgenden Tag zu unserem Haus zurück. Mein Mann hatte die in den Unterkünften und in der Jugendschule der Firma eingelieferten Bombenopfer zu pflegen oder sich, da sie einer nach dem anderen starben, um die Toten zu kümmern und sie mit der Hilfe von Kollegen auf dem Sportplatz der Firma zu verbrennen; er kam deshalb nicht nach Hause.

In jeder Familie unserer Gegend waren Angehörige in der Nähe des Explosionszentrums von der Bombe getroffen worden, waren dabei umgekommen oder aber mit Brand- und anderen Verletzungen zurückgekehrt, und sie lagen nun tagsüber unter dem aufgespannten Moskitonetz. Damit sollte verhindert werden, daß Mücken und Fliegen von den Rändern der Brandwunden Blut und Eiter saugten, was sehr schmerzhaft war, oder dort ihre Eier ablegten und sich aus diesen Maden entwickelten. Dennoch gab es viele Verletzte, in deren Wunden die Maden in Schichten übereinander wimmelten und die schließlich starben, wenn man diese Maden nicht ständig mit einfachen Holzstäbchen ablas.

Auch diejenigen, die an jenem Tag unverletzt zurückgekehrt oder die danach zu Rettungsarbeiten in die Stadt gegangen waren, bekamen nach einer Woche oder zehn Tagen plötzlich hohes Fieber, die Haare fielen ihnen aus, am ganzen Körper traten purpurviolette Flecken von Blutgerinnseln auf, sie spuckten Blut und hatten blutigen Stuhl. Durch die radioaktive Strahlung war der Blutbildungsprozeß im Knochenmark zusammengebrochen. Tag für Tag trug man bald hier, bald da einen Toten hinaus an das nahe Ufer des Otagawa-Flusses und verbrannte ihn dort.

Sachiko Baba, eine Nachbarstochter und Lyzeumsschülerin im ersten Jahr, war am Morgen des 6. August als Angehörige einer Schülerbrigade zu Abbrucharbeiten im Dohashi-Viertel (0,9 Kilometer vom Explosionszentrum entfernt) weggegangen und nicht wiedergekommen. Drei Tage danach hörten wir, sie liege tot in der Volksschule im Koi-Viertel. Sachikos Vater war nicht da, er stand als Soldat in China. Mit ihrer Mutter und ihrem Onkel ging ich Sachiko holen. Wir hatten kaum zweihundert Meter zurückgelegt, da stießen wir auf die Leichen von Opfern, die hier auf der Flucht aus der Innenstadt qualvoll gestorben waren; zwischen den Toten, wie sie von einer glühend heißen Sonne beschienen, lagen andere, die nicht mehr gehen konnten, mitten auf der Straße, und riefen: »Gebt mir bitte Wasser!« Wir achteten nicht darauf und eilten weiter.

Am Tor der Volksschule in Koi drängten sich die Leute, die mit Tragbahren oder Karren die Toten holen wollten. Auf dem Sportplatz der Schule und in den betonierten Korridoren lagen die Leichen in langen Reihen. Die zerfallenden Körper gaben einen entsetzlichen, widerwärtigen Geruch von sich; weiße Maden krochen über sie hin.

In den Korridoren vor den Klassenzimmern lagen die Leichen jener, die am 6. August noch lebend hierher geflüchtet waren; aber in den drei Tagen seither waren sie alle gestorben: schwarz verkohlte, schwärende Leiber, bis aufs doppelte aufgedunsen, die Augen schmal wie Fäden, die Münder weit geöffnet; man konnte nicht mehr unterscheiden, was ein Mann gewesen war und was eine Frau oder ein Mädchen. Wir suchten Sachikos Leichnam und fanden ihn nicht. Die Abenddämmerung brach herein. Elektrisches Licht gab es natürlich nicht, aber auch keine Kerzen, und der allmählich in Dunkelheit versinkende Leichensammelplatz ließ uns vor Grausen buchstäblich die Haare zu Berge stehen.

Schon wollten wir unverrichteterdinge umkehren, da entdeckten wir in einer Korridorecke eine Leiche, deren Gesicht mit einem Taschentuch bedeckt war. Wir traten näher und versuchten, um uns zu vergewissern, das Taschentuch wegzuziehen. Doch es war auf dem völlig verbrannten Gesicht so festgeklebt, daß wir es nicht abbekamen. Auf der Brust fanden wir die metallene Erkennungsmarke; auf ihr stand: »Sachiko Baba«.

Wir rollten Sachikos Leichnam in eine Binsenmatte und legten ihn so auf einen Handkarren. Draußen war es finster geworden, aber in den in Trümmern liegenden Vierteln waren Soldaten und Katastrophendienst aus den benachbarten Präfekturen dabei, die Toten zu beseitigen; sie trugen sie zu Bergen zusammen, übergossen sie mit Benzin und verbrannten sie. Überall in der Dunkelheit loderten hell die Leichenberge, und ihrem Lichtschein folgend, zogen wir auf Wegen, die keine Wege mehr waren, den Handkarren nach Hause.

Dort war es düster in den Zimmern, denn die Lampen waren,

um feindliche Angriffe zu vermeiden, abgedunkelt. Wir betteten Sachikos Leichnam vor den Hausaltar. Ihre Mutter holte einen weißgrundigen, mit Blumen gemusterten Baumwollkimono aus dem Schrank und wollte Sachiko umkleiden, doch war Sachikos Luftschutzuniform so in die weiche Haut eingebrannt, daß sie ihr nicht mehr auszuziehen war.
Da zog Sachikos Mutter der Toten den weißen, geblümten Kimono über die Luftschutzuniform und sagte: »Weil es Krieg ist, hast du ihn nicht ein einziges Mal tragen können, seit ich ihn dir genäht habe. So bitte ich dich, Sachiko, trage ihn wenigstens jetzt.« Und weinend brach sie zusammen.
Sachikos Mutter hat nicht einmal das Gesicht der toten Sachiko sehen dürfen.
Sooft ich mich seither an jenen Augenblick erinnerte, überkam mich jedesmal das Verlangen, laut loszuschreien.
»Ihr Mütter in aller Welt, ich flehe euch an: steht auf gegen die Atombombe! Damit eure Töchter, eure Kinder nicht auch wie Sachiko auf so grausame Weise verbrennen und sterben müssen.« Mit diesem Aufschrei immer im Herzen habe ich in der Nachkriegszeit gelebt.
Nach dem 6. August war das Gebiet Hiroshima wie vom Tod umzingelt. In dieser Situation hörte ich jemanden aus der Nachbarschaft erzählen, im dunklen Keller eines von der Atombombe zerstörten Hochhauses sei ein Kind geboren worden. Obwohl vom Tod umgeben, wird neues Leben geboren – eine Vorstellung, die mich tief bewegte, und in einem Zuge schrieb ich das Gedicht:

Helft den Gebärenden!

Nachts im Untergeschoß einer Hochhausruine.
Von der Atombombe Verletzte,
dicht an dicht, füllten
den dunklen, durch keine Kerze erhellten Keller.

Geruch von Blut, von Leichen.
Und aus dem Schweißdunst, dem Wimmern
plötzlich eine seltsame Stimme,
die sagte: »Hier bekommt eine ein Kind.«
In diesem Keller wie auf dem Grund der Hölle
eine junge Frau, die spürte, sie würde gebären.
Aber im Dunkeln, ohne auch nur ein Streichholz,
was sollten sie tun? – schoß es den anderen,
daß sie ihre Schmerzen vergaßen, durch den Kopf.
Bis eine von ihnen rief:
»Ich bin Hebamme, ich will dir helfen!« Und hatte
schwerverletzt selber bis eben gestöhnt.

Also kam es, daß auf dem dunklen Grund der Hölle
ein neues Leben geboren ward.
Und es kam, daß noch vor Morgengrauen
blutbedeckt die Hebamme dalag, tot.

Ah, helft den Gebärenden!
Helft ihnen gebären,
und wär's ums eigene Leben!

Welche Bedeutung hat das: ein Kind, das da in einem dunklen Keller geboren wird?
Am Ende einer langen, düsteren Periode japanischer Überfälle auf Asien warf Amerika die Atombombe, und hier nun, inmitten dieser Trümmer, wurde das *Hiroshima* geboren, das unaufhörlich den Weltfrieden einfordert.
Und welche Bedeutung hat die Hebamme, die noch vor Morgengrauen dalag und tot war?
Sie steht für die 200 000 Atombombenopfer, die gestorben sind, ohne den 15. August, den Tag des Friedens, noch erlebt zu haben. Durch die Tatsache, daß die 200 000 starben, konnte das unaufhörlich den Weltfrieden einfordernde

Hiroshima geboren werden. Unser Entschluß lautete daher: mag es auch noch so mühsam sein, wir müssen *Hiroshima* großziehen, die Kernwaffen weltweit abschaffen und eine friedliche Welt errichten, in der die Menschen keine mörderischen Kriege mehr gegeneinander führen.
Aus der Rundfunkansprache des Tennó vom 15. August erfuhren wir, daß die japanische Regierung die Potsdamer Deklaration akzeptiert und bedingungslos kapituliert hatte. Zuvor war angekündigt worden, der Kaiser werde eine wichtige Erklärung über den Äther abgeben, und so hörte ich zusammen mit meinem Mann die Sendung. Damit sind wir, dachte ich, endlich vom Krieg befreit. Was wir erst sehr viel später erfuhren, war dies: Die Alliierten hatten am 26. Juli das Potsdamer Abkommen veröffentlicht und der japanischen Regierung eine letzte Warnung zugehen lassen, sie möge bis zum 3. August bedingungslos kapitulieren; wenn nicht, sei die sofortige und völlige Zerstörung ins Auge gefaßt. Die japanische Regierung jedoch, da für sie eine Kapitulation nur unter der Bedingung denkbar war, daß die Staatsform des Tennó-Systems bestehen blieb, reagierte mit keinem Wort darauf, und deshalb fielen die Atombomben auf Hiroshima und Nagasaki. Beide Städte waren also doppelte Opfer, einmal der Kernwaffen und zum anderen des Tennó.
Der Krieg zwar war beendet, aber gleichzeitig begannen sich die Folgen der sogenannten sekundären radioaktiven Strahlung bemerkbar zu machen. Menschen, die unverletzt geblieben und somit als gesunde Direkt-Betroffene (aus den Zonen höchster Gefährdung) galten, sowie die sogenannten *early entrants* (in den ersten Tagen nach dem Abwurf zumeist zu Rettungsaktionen in die Stadt Gekommene) erkrankten plötzlich aufgrund der aufgenommenen Sekundärstrahlung und starben einer nach dem anderen. Es war ein höchst beunruhigender Zustand; man wußte oft noch eine Stunde zuvor nicht, wer als nächster sterben würde.

Auch mein Mann erkrankte Anfang September; die typischen Symptome traten auf, seine Gedärme bluteten. Im November trat jedoch eine Phase allgemeiner Stabilisierung ein; auch mein Mann erholte sich wieder, und die überall in der Präfektur Hiroshima in Schulen, Tempeln, Schreinen und Krankenhäusern eingerichteten Spezialabteilungen für Atombombenopfer wurden aufgelöst.

Wir fingen mit unseren Nachkriegsaktivitäten an, gründeten am 20. Dezember 1945 zusammen mit dem aus Tokyo evakuierten Erzähler Tamiki Hosoda (1892–1972, bis zu dessen Auflösung 1934 Mitglied des *Proletarischen Schriftstellerverbandes*) und anderen literarischen Weggenossen, die überlebt hatten, den *Chúgoku-Kulturbund* und faßten den Plan zur Herausgabe der Zeitschrift *Chúgoku-bunka* (»Kultur der Chúgoku-Region«, das ist: der Region auf der Hauptinsel Honshú, die westlich von Osaka beginnt). Wir wollten mit einer »Sondernummer Atombombe« beginnen.

Jedoch hatte die amerikanische Besatzungsmacht am 19. September einen *press code* erlassen, wonach jede den Interessen der Besatzungsarmee zuwiderlaufende Äußerung verboten war; Literatur, Filme, Bühnenstücke, Musik und Kunst wurden der Zensur unterworfen. Vor allem waren Aufsätze über die Behandlung der Atombombenkrankheit untersagt.

Von der Grausamkeit der Atombombe zu schreiben, wurde als Beleidigung der amerikanischen Besatzungsarmee angesehen; dies behindere die Besatzungspolitik, und folglich wurde jede Darstellung der Atombombe rücksichtslos herausgestrichen.

Auch die Sondernummer Atombombe der *Chúgoku-bunka* mußte sowohl vor als auch nach der Drucklegung das Zensurhauptbüro des Dritten Distrikts, das sich in Fukuoka befand, passieren; zudem wurde Tadakazu Kurihara als der Herausgeber zum CIC-Büro in der Nachbarstadt Kure be-

stellt und wegen nicht genauer Befolgung der Zensurmaßnahmen hart gemaßregelt. Dennoch konnte das Heft im März 1946 erscheinen; es wurde zu einer ersten literarischen Materialsammlung über die Atombombe.
Bis Dezember 1945 hatten unter den großen Hiroshima-Autoren Tamiki Hara (1905–51) seinen berühmten Text *Sommerblumen* und Yóko Óta (1906–63) ihren Roman *Stadt der Leichen* im Manuskript beendet; aber wegen des *press code* konnten diese Werke nicht erscheinen, erst einige Jahre später wurden sie – in von den Autoren selbst gekürzten Fassungen – publiziert. Hätte die Welt unmittelbar nach dem Krieg durch die Werke von Tamiki Hara und Yóko Óta konkret von der durch die Atombombe verursachten grenzenlosen Grausamkeit und Zerstörung erfahren, wäre es damals nicht, frage ich mich, doch noch möglich gewesen, in der Anfangsphase der Atombombenentwicklung, unter dem Druck einer weltweiten öffentlichen Meinung, die Weiterentwicklung dieser Waffen zu stoppen?
Die amerikanische Besatzungsmacht förderte zwar die Demokratie, doch verhinderte sie durch die Zensur, daß die Wahrheit über die Atombombe bekannt wurde. Die dadurch zum Schweigen gezwungenen Atombombenopfer wurden politisch wie gesellschaftlich isoliert, man beachtete sie nicht mehr, und sie kamen aus dem Teufelskreis von Krankheit und Armut nicht heraus.
Autoren wie Tamiki Hara und Yóko Óta oder wie der Lyriker Sankichi Tóge (1917–53), die die Folgen der Atombombe an sich selbst erfahren hatten, litten unter dem seelischen Druck, den das Schreiben über die Atombombe verursachte, und gleichzeitig wurden sie von der literarischen Welt und von den Verlagen auf Distanz gehalten. Tamiki Hara beging Selbstmord; Yóko Óta wandte sich, entmutigt, vom Thema ab; Sankichi Tóge starb während einer Operation. Sie alle hatten ein tragisches Ende.

Ich kann den bitteren Beigeschmack amerikanischer Besatzungsdemokratie nicht vergessen.
Am 6. und 9. August 1945 warf Amerika die Atombomben auf Hiroshima und Nagasaki und zwang dadurch die Militaristen des Tennó-Systems zur Kapitulation. Anschließend führte es die Demokratisierung durch.
Auf Anweisung der amerikanischen Besatzungsmacht trat an die Stelle der kaiserlichen Souveränität die Souveränität des Volkes, wurden Militär und Geheime Staatsschutzpolizei abgeschafft, Verurteilungen aus ideologischen und politischen Gründen aufgehoben, der landwirtschaftlich genutzte Boden neu verteilt, den Arbeitern das Organisationsrecht zugestanden, die Gleichheit von Mann und Frau verfügt; insofern war Amerika für uns ein Befreier.
Die dunkle Kehrseite von alledem: es war das Land gewesen, das die Atombomben geworfen hatte. Der Schatten des Atomimperialismus der Kernwaffenbesitzenden breitete sich aus.
Mit der Verschärfung des Kalten Krieges zwischen den USA und der Sowjetunion machte Amerika ungeschehen, was es dem besiegten Japan 1945 diktiert hatte, und befahl seine Wiederbewaffnung. Mit der Peitsche des »Sicherheitsvertrages« versuchte es Japan in die Rolle einer von ihm gegängelten Militärmacht zu drängen, und Japan begann abermals auf einen letztlich zum Krieg führenden Weg umzuschwenken.
1945 hatten wir auf der von der Atombombe verbrannten Erde mit der Hoffnung »Nie wieder Hiroshima, nie wieder Krieg!« zuversichtlich den Aufbruch zu einem neuen Leben unternommen, aber die Welt, in der wir heute schließlich angekommen sind, ist bis ins All mit Kernwaffen überzogen und versunken in einer hoffnungslosen Dunkelheit.
Ob es wohl, frage ich mich, möglich sein wird, daß in den Kellern dieses dunklen Kernwaffenzeitalters die Welt noch einmal ein neues Leben in Frieden gebiert?

Alan Sillitoe

1945: Betrachtungen eines schicksalhaften Jahrs

Es fällt schwer, ein einzelnes vergangenes Jahr isoliert zu betrachten. Ich bin jetzt mehr als dreimal so alt wie 1945, aber dieses Jahr tritt als das hervor, in dem ich erwachsen wurde. Seitdem war das Leben nicht mehr dasselbe, dafür bin ich dem Schicksal dankbarer als den Verhältnissen.

Ich war sechzehn, als das Jahr begann. An seinem ersten Tag stieg ich um halb sieben willig und automatisch aus dem Bett und machte Licht, um mich anzuziehen. Mein Vater, der schon unten im Wohnzimmer war, wo das Feuer brannte und der Kessel auf dem Gas stand, rief die Treppe des kleinen zweistöckigen Reihenhauses hinauf, daß es Zeit zur Arbeit sei. Ich schlief zusammen mit meinen beiden Brüdern, und da ich das Hemd schon anhatte, zog ich noch Hose, Overall, Stiefel und Pullover an und ging die schmale Treppe hinunter, wo das Frühstück mit Tee, Brot und Marmelade auf mich wartete.

Ich sprach wenig mit meinem Vater, während wir in der Küche saßen und uns am Feuer wärmten. Um Viertel nach sieben zogen wir uns die Jacken über und gingen zusammen durch die kleine Spülküche zur Hintertür hinaus, mein Vater zu Fuß, ich mit dem Fahrrad. Am Ende des Hofs fuhr ich die Straße hinauf, während mein Vater sie hinabging, um dann nach links zu Raleigh, der Fahrradfabrik, abzubiegen, die seit 1940 auf voller Kriegsproduktion lief.

Als wir auseinandergingen, rief er: »Gutes neues Jahr!«, während ich ihm statt einer Antwort nachwinkte. Wahrscheinlich war ihm bewußt, um wieviel wichtiger das neue Jahr für mich sein würde, als es für ihn sein könnte. Nur der Beginn des *Tages* schien wichtig, der Moment des Erwachens, wenn ich, um richtig klar zu werden, versuchte, mir auszumalen, was ich wohl tun könnte, wenn ich abends um halb sechs aus der Fabrik kam. Die Arbeit war ein Acht-Stunden-Trott, in dem man so viel Geld verdiente, daß am Wochenende der Verdienst stimmte. Ich stand an der Revolverdrehbank wie an einer Registrierkasse.

Ich nahm den steilen, gepflasterten Anstieg mit dem Rad. Alles ging zur Arbeit. Die Oberdecks der Trolleybusse auf der Hauptstraße waren so beschlagen von Atem und Zigarettenqualm, daß man kaum die Gesichter drinnen erkennen konnte. Füße, Hände und Gesicht waren eiskalt, als ich an der Nottinghamer Burg vorbeisauste – das ursprüngliche Gebäude war 1832 von Aufständischen niedergebrannt worden; ich fuhr nicht durch den Stadtkern, sondern außen herum, um einen steilen Hang zu vermeiden.

Die kleine Fabrik fertigte Teile von Flugzeugmotoren für Rolls Royce in Derby. Mein Arbeitstag begann zwanzig Minuten, bevor die Maschinen anliefen, weil ich mit dem Besitzer abgemacht hatte, das Gebäude zu säubern, bevor die andern um acht Uhr kamen; ich fegte Stahl-, Aluminium- und Messingreste in den leeren, stillen Gängen. Damit verdiente ich mir zusätzliche (und steuerfreie) zehn Schilling die Woche.

So muß das Jahr wohl angefangen haben.

Bevor mein Vater und ich aus dem Haus gingen, hörten wir Nachrichten, was uns immer außerordentlich interessierte – während meine Mutter und die vier anderen Kinder noch oben schliefen. Die Stimme aus dem Radio überschattete unser Leben: »Wir senden Nachrichten, gesprochen von Alvar Liddell.« Jedes Vorrücken auf das Herz Nazi-Deutschlands, wie aufregend es auch war, darüber zu erfahren, machte die Zukunft rätselhafter und unbekannter. Das Ende des Krieges würde für jeden einen Neubeginn des Lebens bedeuten, auch wenn sich niemand ein Bild von der Welt machen konnte, die es mit sich bringen würde.

Abgesehen davon sorgten die Nachrichten für Unterhaltung; sie waren wie eine besondere Art von Pferderennen, in der die Sieger von vornherein feststanden. Den ganzen Krieg hindurch war uns nie der Gedanke gekommen, daß etwas von dem, was uns gesagt wurde, gelogen oder auch nur ungenau sein könnte.

Mein Vater sah das etwas anders. Er haßte Churchill. Ich glaubte damals, er sei im Irrtum – ich glaube es noch immer –, und fragte mich manchmal, ob es ihm egal war, ob die Alliierten siegten oder verloren – obwohl die Begeisterung mit ihm durchging, als das Ende zur Gewißheit wurde. Genau weiß ich nur, daß er Hitler noch mehr verachtete, als er Churchill ablehnte.

Seit meiner Geburt schien Krieg gewesen zu sein. Furchtbares verband sich mit den Wörtern Mandschurei, Abbessinien und Spanien, ebenso mit Österreich und der Tschechoslowakei. Später, als ich einige dieser Länder besuchte, schienen sie langweilig, verglichen mit dem Schrecken, den ihre Namen einst hervorgerufen hatten. Während meiner Kindheit sagte jeder Erwachsene, daß ein Krieg unvermeidlich sei, aber alle sahen ihm mit Angst und Verzweiflung entgegen.

Während des Krieges fing ich an zu denken und meinte dann auch, früher oder später an den Kämpfen teilnehmen zu müssen. Es ist wichtig, all dies zu erwähnen, um die Bedeutung des Jahres 1945 in einen Zusammenhang zu stellen. Ich war gerade vierzehn, als ich zum Hauptquartier der hiesigen Bürgerwehr ging, um mich einziehen zu lassen, aber der Hauptmann lächelte nur und sagte, ich solle nächstes Jahr wiederkommen, wohl in der Annahme, ich würde bis dahin größer sein. Vielleicht hatte ich eine solche Angst vor dem Krieg, daß ich mein Schicksal so schnell wie möglich bestimmt haben wollte und Warten als das schlimmste überhaupt ansah. Da war auch eine Lust auf Abenteuer, darauf, Soldat zu sein. Ich hatte schon Anspruch auf eine Ration, da

ich in der Fabrik arbeitete, und besaß einen Personalausweis, so daß ich mit meinem Alter nicht schwindeln konnte.
Mit vierzehn kam ich dann aber in eine Ausbildungseinheit, über die ich in die Air Force wollte; ich wollte Navigator werden. Möglicherweise reizte mich die Navigation, Kunst und Wissenschaft zugleich, mehr, als ein Luftfahrzeug durch den Himmel zu steuern. Ich bekam eine Uniform, und drei-, viermal die Woche ging es dann auf den Exerzierplatz, wo meine körperlichen Reaktionen bis zum letzten gedrillt wurden. Dann wieder zurück ins Klassenzimmer, wo man mich in den Grundbegriffen von Navigation, Mathematik, Meteorologie, Flugzeugmotoren und allen möglichen Dingen unterrichtete, die mit der Fliegerei zu tun haben. Einige Wochen im Jahr verbrachte ich auf einem RAF-Flugplatz unter Zeltbahnen oder in Kasernen. Ich flog in Ausbildungsmaschinen und Bombern, lernte, mit einem Gewehr umzugehen, wurde im Straßenkampf und Signalisieren unterwiesen. Ich bestand alle Prüfungen und konnte es nach der Ausbildung nicht erwarten, in den aktiven Dienst einzutreten; sehr zu meinem Ärger war das Mindestalter für Freiwillige achtzehn.
Die vier Jahre als Kadett erschienen mir wie eine Ewigkeit. Schon der Krieg hatte ein Leben lang gedauert, und obwohl die Alliierten im Herbst 1944 an den Grenzen Deutschlands standen, kam es mir vor, wenn ich meine Karten betrachtete (ich hatte viele davon oben im Schrank), daß Deutschland angesichts des noch verbliebenen großen Gebiets und des Kampfs auf heimischem Gelände noch lange Widerstand leisten konnte.
War das nicht den Nachrichten vom 1. Januar 1945 zu entnehmen? Meine Karte von den Ardennen war übersät mit Bleistiftlinien. Der Radiosprecher hatte von der Schlacht geredet, bevor mein Vater und ich uns auf den Weg zu unserer jeweiligen Fabrik machten, er, um bei der Herstellung von Granatkappen mitzuarbeiten, ich, um an meiner Revolver-

drehbank weitere Teile für Lancaster- und Spitfiremotoren zu fertigen, von denen sicher viele halb begraben neben ihren toten Besatzungen in irgendeinem deutschen Feld oder Wald enden würden.

Im Januar warf die RAF dreißigtausend Tonnen Bomben über Deutschland ab, die amerikanische Luftwaffe noch einmal die gleiche Menge. Als Kadett hörte ich von einem neuen Bomber namens Lincoln, der den Lancaster ablösen sollte, mehr Bomben laden konnte und eine größere Mannschaft benötigte. Fünfhundert sollten Anfang 1946 bereitstehen, denn niemand konnte sagen, ob der Krieg noch 1945 beendet sein würde. Es war besser, erst dann an die Zukunft zu glauben, wenn eine gewisse Zukunft feststand. Viele Menschen auf dem europäischen Festland hatten weit mehr Grund, auf ein schnelles Ende des Krieges zu hoffen – und bis in die letzten Apriltage 1945 wußten wir nicht, wie ungeheuer groß die Zahl der Opfer war.

Doch im Januar war es bis zum Sieg noch lange hin. Man konnte nur dann immer wieder aufs Neue das Letzte geben, wenn jeder glaubte, der Krieg würde nie aufhören. Manche spürten den nahen Sieg und wurden übermütig. Dennoch war eine Müdigkeit zu erkennen, der die Menschen nur damit begegnen konnten, daß sie dieses Der-Krieg-dauert-ewig etwas gelassener nahmen.

Der Krieg hatte für die Arbeiterschaft Vollbeschäftigung bedeutet, für Frauen mehr noch als für Männer. Mit der Einberufung von Millionen kam das Ende der Arbeitslosigkeit. In der kleinen Fabrik, in der ich arbeitete, gab es dreißig Frauen, fünfzehn Jugendliche, darunter ich, das restliche halbe Dutzend bestand aus spezialisierten Einrichtern oder Männern, die untauglich geschrieben waren. Der Besitzer, der auch mitarbeitete, war ein etwa fünfzigjähriger, mächtiger Mann mit grauem, zurückgekämmtem Haar und einem roten Gesicht. Vor dem Krieg hatte sein Betrieb Geldspielautomaten (einarmige Banditen) hergestellt, aber seine Kapazitäten, klein wie sie waren, waren, wie alle anderen gleichgearteten auch, auf Kriegsproduktion umgestellt worden. Er bot mir an, mich aus dem Militärdienst zu holen, indem er mich zum Einrichter ausbildete, aber ich konnte mir nichts Schlimmeres vorstellen, als weiter in dieser Stelle an der Bahnlinie oder in irgendeiner anderen Fabrik zu arbeiten. Die Arbeit als solche störte mich weniger, immerhin wurde ich gut bezahlt, auch wenn es mit dem Geld wenig zu kaufen gab.

Meine Besitztümer waren in einem Schrank im Schlafzimmer verstaut, außer meiner Kadettenuniform, die hing hinter der Tür, und dem Fahrrad, das am Lattenzaun im Hinterhof lehnte. Ich hatte ein paar Dutzend Bücher, einige von Walter Scott, die ich lesen wollte, aber nicht konnte, dazu noch *Les Misérables* und *Der Graf von Monte Christo*. Hin und wieder las ich in der Bibel, ihr Hauptzweck bestand jedoch darin, daß ich zwischen ihren dünnen Seiten meine gesparten Pfundnoten aufbewahrte, nicht ahnend, daß meine Mutter meine Geheimbank entdeckt hatte. Wann immer sie knapp bei Kasse war, lieh sie sich etwas und legte die Scheine Freitag abend wieder zurück, wenn die Lohntüten ins Haus kamen. Auf einem anderen Bord waren Landkarten und Navigationsdiagramme, letztere reichlich mitgenommen von den Koppelplanspielen, die über ausgeklügelte und immer wieder neue Etappen unweigerlich mitten ins Herz Deutschlands führten. Daneben lagen eine Schachtel mit Zeichenutensilien, ein Morsetelegraph zum Üben, Federn und Tinte. Ich hatte alles, was ich brauchte, außer einer Uhr, auf die ich jedoch warten mußte, bis mein Vetter in der Army im Juni aus Deutschland kam und mir eine von den vielen Uhren verkaufte, die er entweder erbeutet oder eingetauscht hatte.

Es war unmöglich, in die RAF zu kommen, bevor man achtzehn war, aber jemand erzählte mir, daß man sich schon mit siebzehn bei den Marinefliegern freiwillig zur Besatzung melden konnte. Gleich nach meinem Geburtstag ging ich in die Stadt zu der Schule, die als Musterungsstelle diente, und ließ mich mustern – sehr zum Unwillen meines Vaters, der im Ersten Weltkrieg zu jung zum Kämpfen war und im Zweiten alles dransetzte, nicht eingezogen zu werden.

Ich aber wollte unbedingt aus der Umgebung heraus, in der ich mein ganzes Leben verbracht hatte, und sorgte mich nur um die ärztliche Untersuchung. Ich fühlte mich vollkommen fit, was meine Befürchtungen aber nicht geringer machte. Irgend etwas an den Füßen oder Augen würde zum Durchfallen genügen.

Am 2. Mai wurde ich nach Crewe bestellt, wo ich vor einer Auswahlkommission für fliegendes Personal erscheinen mußte. Ich hatte gehört, daß nur die besten Kandidaten eine Chance hatten. Gymnasiasten hatten die größte, und selbst von denen sollten es einige nicht geschafft haben. Meine Ausbildung, beschränkt wie sie nun einmal war, hatte aufgehört, als ich vierzehn war, und ich war eine Mischung aus maßlos überhöhtem Selbstvertrauen und tiefstem Pessimismus. Versagen wäre mein Tod gewesen, denn ich hatte ja drei Jahre lang wie ein Besessener geübt und so viel gelernt, wie ich nur konnte. Ich war entschlossen und auf Draht, ich wußte alles im Schlaf und hatte die besten Empfehlungen von den Staffeloffizieren, die meine Ausbilder gewesen waren.

Um sechs stand ich auf, wusch mich gründlich und fuhr nach einem kurzen Frühstück mit dem Bus zum Bahnhof. Es war ein klarer warmer Tag, von Krieg keine Spur – oder ich hatte mich so an die Spuren gewöhnt, daß ich sie nicht mehr wahrnahm. In Derby mußte ich in den Zug nach Crewe umsteigen. Er fuhr durch die Potteries, eine Gegend voll trostloser Reihenhäuser, Rücken an Rücken, rauchender Brennöfen und Häuser, die noch verwahrloster waren als die schlimmsten in Nottingham.

In Crewe ging ich zu dem großen Gebäude, in dem die Navy

ihre Personalprüfstelle eingerichtet hatte. Nach der medizinischen Untersuchung mußte ich mich zusammen mit einem halben Dutzend anderer in einem Klassenraum einer Reihe von Eignungstests unterziehen. Bei der eigentlichen Auswahlkommission stand ich dann in Grundstellung vor vier älteren Marineoffizieren, die mich mit einfachen Fragen wie der folgenden beschossen: Wenn ein Dreieck einen Winkel von sechsundfünfzig Grad und einen weiteren von vierundsechzig hat, wieviel hat dann der dritte? Ich war etwas konfus, brachte aber die Antwort zusammen. Sie fragten mich, welche Sportarten ich betriebe, stellten eher solche als irgendwelche anderen Fragen, und schienen mit meiner angeblichen Begeisterung für Cricket und Fußball und meiner Leidenschaft für Schwimmen und Radfahren zufrieden.

Ich aß in der Messe zu Mittag, dann folgten weitere Eignungstests, die mich an die Aufnahmeprüfung fürs Gymnasium erinnerten, durch die ich zweimal gefallen war. Ich erwartete das Ergebnis nicht vor Ablauf einiger Wochen, aber am Spätnachmittag sagte man mir, ich hätte bestanden. Ein Angestellter gab mir drei Schilling als Sold für meinen ersten Tag und einen kleinen Ausweis mit meinem Namen und meiner Nummer: FX643714. Ich konnte mein Glück kaum fassen. Machten die sich lustig über mich? War da nicht etwas falsch gelaufen? Ich fragte nicht, sondern schwebte zum Bahnhof mehr, als daß ich ging.

Im Rückblick erscheint die Hürde, die ich da genommen hatte, herzlich niedrig, aber es war der erste wirkliche Erfolg in meinem Leben. Da ich Marinereserve war, mußte ich wieder nach Hause und auf die Einberufung zu meinem Ausbildungsschiff HMS Daedalus warten. Eine kleine Enttäuschung lag in meiner Gesamtleistung: Ich hatte immer Navigator werden wollen, und jetzt sollte ich zum Piloten ausgebildet werden. Auf einem Foto aus jenen Tagen starre ich wie blind in die Luft, scheine aber zu wissen, daß ich

wieder sehen kann, wenn ich mich nur richtig anstrenge, wenigstens das zu sehen, was ich direkt vor Augen habe.
Ich war nun berechtigt, ein weißes Abzeichen an meiner Kappe zu tragen, und ich kaufte es sofort in einem Uniformgeschäft am Nottinghamer Bahnhof. An jenem Abend veranstaltete die Staffel eine Parade, und nachdem ich zu Hause etwas gegessen hatte, fuhr ich mit dem Bus zum Hauptquartier. Der Tag war endlos lang gewesen. Jeder Tag jenes entscheidenden Jahres schien wie ein Jahrzehnt. In 24 Stunden konnte so viel geschehen. Am 2. Mai hatte ich mein Leben geändert. Damals drückte ich es nicht so aus, aber der einzige Tag, an dem ich ein ähnliches Hochgefühl verspürte, war im April 1958, als ich erfuhr, daß mein erster Roman angenommen worden war.
Die Nachricht von Hitlers Tod kam durch. Man konnte gemorste Agenturmeldungen mit dem Radio auf Kurzwelle abhören, und ich schrieb sie zu Hause in der Küche nieder, kaum fähig zu glauben, was da auf dem Zettel stand, bis ich zu meinem Vater sagte: »Hitler hat's erwischt.«
»Wurde auch langsam Zeit«, war die Antwort.
Berlin brach unter der Roten Armee zusammen. Die deutschen Armeen in Italien kapitulierten. Die in der Lüneburger Heide unterzeichnete Kapitulation wurde am fünften Mai acht Uhr wirksam. War das das Ende? Es war noch immer kaum zu glauben. In Prag wurde noch geschossen. In Kopenhagen gab es noch Straßenkämpfe. Die Russen nahmen Swinemünde und Peenemünde am fünften. Am sechsten ergab sich General Blaskowitz in Holland. Am siebten fiel Breslau nach 82 Tagen Belagerung. Wie lange konnten sich die Bergfesten im Süden noch halten?
Am Morgen des achten war es vorbei, es gab keinen Zweifel mehr. Es war ein Tag der Flaggen, Freudenfeuer und Saufereien. Hätte Delacroix an jenem Tag die »Freiheit« gemalt, sie wäre eine füllige Frau von fünfzig mit Brille und Bluse, die im

vollgestopften »Weißen Roß« einen Can-Can auf den Tisch legt und bei jedem hohen Schlenker ihrer wohlgeformten Beine den Union Jack auf dem Schlüpfer zeigt, zum Gebrüll der Zecher – von denen ich, mit meiner Freundin und meinen Eltern, einer war.

Ich war etwas weniger betrunken, und so konnte ich sie heil nach Hause bringen und ins Bett schaffen. Mein Vater ging auf die Toilette, um sich zu übergeben, und kam ohne seine falschen Zähne, die oberen wie die unteren, wieder heraus; den Verlust bemerkte er erst am nächsten Morgen. Die Toilette war nach ihm ausgiebig benutzt worden, für immer waren sie im Abflußrohr verschwunden. Um ihn etwas wegen des herben Verlustes zu trösten, gab ich ihm neun Pfund aus der Bibel, damit er sich neue kaufen konnte.

Das Leben sollte nie mehr das gleiche sein, und das aus mehr Gründen, als man damals nennen konnte. Der doppelseitige Bericht in der *Daily Mail* hatte uns die äußerste Barbarei von Menschen an Menschen vor Augen geführt. Es war Anfang Mai, ich kam aus der Fabrik nach Hause. Meine Mutter gab mir die Zeitung und sagte: »Sieh dir das an, dann weißt du, was die mit den Leuten gemacht haben« – womit sie sagen wollte, daß, wären die Deutschen zu uns gekommen, sie dasselbe mit uns gemacht hätten.

Die Toten und Sterbenden waren über die ganze Seite abgebildet. Mein mangelndes Begriffsvermögen machte ein angemessenes Urteil unmöglich. Diese Leute waren Gefangene. Es waren Zivilisten, keine Soldaten. Ich glaube, mir war nicht so recht bewußt, daß es sich um Juden handelte. Vielleicht war es aus dem Text nicht genau hervorgegangen, oder meine Augen waren wegen der bestürzenden und grauenerregenden Enthüllungen verständnislos über die Wörter geschweift. Warum, so fragte ich mich, hatten sie das getan? Kein Grund wollte oder konnte mir einfallen, und daher schienen die Bilder unwirklich. Man wußte von der wahnsinnigen Philosophie der Deutschen, die Hitler gefolgt waren – und wir gingen davon aus, daß alle ihm gefolgt waren und dies noch immer taten –, aber um sie mit dieser unabweislichen Wirklichkeit in Verbindung zu bringen, mußte man eine solche Vorstellungskraft entwickeln, wie ich es bei meiner ausschließlichen Beschäftigung mit mir selbst und meinem Wunsch, am Krieg teilzunehmen, nicht vermochte. Ich war wie betäubt. Ich brauchte Zeit, wie vielleicht die meisten anderen auch. Ich hatte die Dokumentation deutscher Greuel gegen die russische Bevölkerung gesehen, die von Rußland gemacht und in Rußland gedruckt worden war, doch auf einen Tod solchen Ausmaßes, und ausschließlich der Juden, war ich nicht gefaßt. Vielleicht hätte ich mehr gewußt, wenn ich täglich die Times gelesen und das europäische Programm der BBC gehört hätte, anstatt nur die Kurznachrichten für den Hausgebrauch.

Ich war wie betäubt. Ich brauchte Zeit, um mir die nackten Tatsachen einer solchen Barbarei zu vergegenwärtigen. Und dennoch nahm ich sie recht schnell auf. Anscheinend war die Propaganda doch nicht stark genug gewesen. Aus Spaß hatten wir hin und wieder »Lord Ha-ha« im Deutschlandsender Hamburg eingestellt und einmal, 1940, gehört, Göring habe verkündet: »Bombardiert die Städte. Bombardiert die Armen«, was uns später veranlaßte, mit kalter Befriedigung den viermotorigen Lancaster-Bombern nachzusehen, die ausschwärmten, um die deutschen Armen zu bombardieren. So gingen Moral und menschliches Gefühl zum Teufel. Aber mutwilliges Töten in der Größenordnung der Vernichtungslager ging über unsere Begriffe. Vermutlich waren wir mit einer beschränkten Phantasie auf die Welt gekommen. Bergen-Belsen war einer von Dutzenden solcher Orte, und was dort, wie ich meinte, von einer Handvoll Fanatiker und Schlächter begangen wurde, war Teil eines Plans, der sechs Millionen völlig unschuldiger Menschen getötet hatte. Die Millionen

Schädel von Merw, die Asche der Inquisition, die Leichen der Armenier waren vervielfacht worden. Und es war geschehen, während ich zur Schule ging oder in der Fabrik arbeitete oder mich auf den Navigationsdienst vorbereitete (in dem ich zweifellos einmal Bomben auf Zivilisten abgeworfen hätte, hätte der Krieg lange genug gedauert), mit anderen Worten, während ich in Sicherheit war – durch den Zufall meiner Geburt. Die emotionalen und intellektuellen Nachwirkungen dieser Bilder von Bergen-Belsen und dann noch von anderen Städten sollten endlos werden, gingen von jener Zeit an kaum jemals aus dem Sinn, so daß sie auch ein Bahrtuch der Schuld über die ganze Welt breiteten, ja, selbst über mich, ungeachtet dessen, wo ich war, was ich gedacht oder was ich getan hatte. Ich war nun ein Teil der Welt und für alles verantwortlich.

Am Mittwoch, dem 9. Mai war ich wieder an der Arbeit, mit dickem Kopf, aber klaren Augen, und weiter ging's an meiner Drehbank. Die Kriegsproduktion wurde fortgesetzt; Japan war noch nicht geschlagen. In gewisser Weise hatte ich Angst vor dem Frieden, weil ich dachte, die Arbeitslosigkeit der Vorkriegszeit würde wiederkommen. Das Argument, daß jeder beim Wiederaufbau gebraucht würde, war nicht sehr überzeugend. Ich lebte in einer Zwischenphase. Selbst meine Flugpersonalausbildung käme in Gefahr, wenn der Krieg gegen Japan beendet sein würde, obwohl es wahrscheinlich schien, daß er noch zwei oder drei Jahre andauerte; dann würde ich von Flugzeugträgern starten, was abgesehen von den Kriegsverlusten eine hohe Unfallrate bedeutete. Die Möglichkeit, ich könnte getötet werden, war ein weiteres Hemmnis, mir die Zukunft vorzustellen, auch wenn es mir leicht fiel, über eine solche Furcht hinwegzugehen.
Noch vor der Potsdamer Konferenz fanden allgemeine Wahlen statt. Das Parlament wurde aufgelöst, Wahltag war der

5. Juli. Fünf Jahre lang hatte sich das Land einer notwendigen Diktatur unter der Führung Churchills untergeordnet, und jeder ging davon aus, daß Churchill an der Regierung blieb und das Land bei der Aufgabe, »den Frieden zu gewinnen«, führen konnte. Die Wahl interessierte mich wenig, außer daß ich Labour-Plakate an die Wände des Betriebs klebte, die vom Besitzer fast umgehend wieder abgenommen wurden. Erst als die Ergebnisse bekannt gegeben wurden, erkannte ich, wie spannend die Zeit war. Eine sozialistische Regierung war gewählt worden, unter der es keine Massenarbeitslosigkeit wie in den dreißiger Jahren geben, die auf freundschaftlichem Fuß mit der Sowjetunion stehen würde (wir wußten noch nicht, welche Barbareien in diesem Land gegen das eigene Volk begangen worden waren), die die Gruben und die Eisenbahn vergesellschaften und ein staatliches Gesundheitswesen einführen würde. Sie würde auch die egalitäre Gesellschaft schaffen, wobei ich allerdings nicht gemerkt hatte, daß sie noch nicht existierte, jedenfalls was mich betraf. Ich fühlte mich jedem gleich, man mußte mir nicht erst sagen, daß ich von nun an gleich war. Gesagt zu bekommen, ich wäre gleich, war ebenso unverschämt, wie gesagt zu bekommen, ich wäre es nicht. Mein Leben war so tiefgreifenden Veränderungen unterworfen, daß es ihm gewissermaßen an Realität mangelte. Veränderungen trogen und wurden kaum wahrgenommen, was meist bei Siebzehnjährigen der Fall ist.

Ich lebte von einem Tag zum andern, und das Leben war dasselbe, gleich wer regierte oder glaubte, es zu tun. Das Unvorstellbare war schon damit geschehen, daß Hitler tot war und alle seine Taten ans Licht gekommen waren. Zu jener Zeit wußte ich nichts und meinte doch, ich wüßte alles – nicht wissend, daß ich nichts wußte, wußte ich eigentlich also, daß ich mehr als alles wußte. Mir fehlten nur weitere vierzig Jahre, um den Block dessen, was ich glaubte zu wis-

sen, abzutragen, um mir klar darüber zu werden, was ich wirklich wußte.
Nun denn, wir sind nicht die Herren oder Herrinnen der Zeit. Wenn dem so wäre, könnten wir einen Weg ersinnen, das Rad der Geschichte zurückzudrehen. Wie oft seit 1945 habe ich unter der Erkenntnis gelitten, daß es nicht möglich ist, den Kalender zurückzudrehen, um so manche schrecklichen Ereignisse ungeschehen zu machen. Ich habe den Fuß des Mitleids auf dieses gottgleiche Zifferblatt gesetzt und es 1914, wieder 1933 und selbst 1939 angehalten. Der ganze mißhandelte Teil der Welt, der überlebt hat, könnte den Fuß auf den Kalender der Zeit setzen und vereint der widerwärtigen Geschichte, die so viele getötet und verkrüppelt hat, entgegenrufen: »Nie wieder!« Nun denn, wo blieb der Fortschritt?
Die Übungsflüge gingen weiter, Rundflüge und Böen in einem Lastensegler, im Schlepp eines Halifax-Bombers. Ich stand hinter dem Pilotensitz, das Schleppseil wurde ausgeklinkt, und wir drehten unsere Runden über dem Flugplatz. Bis auf das zischende Rauschen der Luft erfüllte Stille den leeren Segler, der sich nach hinten erstreckte wie ein langer hölzerner Schuppen. Beim Einschwenken zur Landung schien der Segler auf dem Rand einer unsichtbaren Klippe zu stehen, die Landebahn unten schien vertikal. Voller Staunen und Erregung – und voller Angst – packte ich die Haltegriffe, als sich der Segler in einem spitzen Winkel neigte und hinabglitt, und plötzlich holperten und sprangen die Räder unter dem zerbrechlichen Rumpf über die Erde entlang. Jedesmal, wenn wir auf achthundert Fuß über dem Ende der Landebahn hingen, wußte ich, ich wäre lieber in einem Motorflugzeug – und konnte dem Segler dennoch nicht widerstehen, wenn er aufs Neue an den Schwanz des Bombers gehakt wurde, die Leine sich straffte und wir gleichzeitig mit der Zugmaschine abhoben und wieder unsere Runde über den Platz flogen.

Vielleicht war so auch mein Leben, falls das Leben überhaupt weiterging – aber mit siebzehn war etwas anderes nicht denkbar. Er war eine Zeit politischer Unreife, weil ich nicht gerade in einem Alter war, in dem man sich viel aus Beziehungen zu Leuten macht, es sei denn zur Freundin. Nun, da sind die Eltern, aber wenn sie nicht wären, würden sie kaum vermißt. Die Rundflüge und Böen des Lebens hatten begonnen, das Schleppseil war ausgeklinkt, und ich lief endlich aus eigener Kraft, setzte manchmal etwas zu hart auf die Landebahn, kam aber ohne einen Gedanken an die nächste Minute voran, denn der Augenblick selbst war so aufgetankt mit Sinn und Möglichkeiten, so angetrieben von der instinktiven Motorik, die man als junger Mensch fürs Überleben mobilisiert.

Im Betrieb gingen die Aufträge von Rolls Royce zurück, und wir waren gespannt, ob Bert Firman, unser Boss, wieder Spielautomaten produzieren würde. Wenn ja, dann würde er nicht so viele Arbeiter benötigen, abgesehen davon legte ich keinen Wert auf eine solche Arbeit, wenn ich irgend etwas anderes bekommen würde. Mein Idealismus war damals noch kaum entwickelt, aber mir war klar, daß ich mich geniert hätte, einem solchen Beruf nachzugehen.

Zum Glück hörte ich, daß junge Männer bei der Flugsicherung gebraucht würden. Nur solche, die eine Zeitlang im Flugausbildungskorps waren und Grundkenntnisse in der Fliegerei besaßen, kamen in Betracht. Ich bewarb mich um eine Stelle und arbeitete unterdessen weiter im Betrieb. Anfang August ging ich auf einen zweiwöchigen Navigationslehrgang im Air Force Stützpunkt Halton, und am Tag danach schwenkte ein Freund eine Zeitung und sagte, man habe so eine komische Bombe über Japan abgeworfen, die eine ganze Stadt ausgelöscht hätte. Es sehe so aus, fügte er hinzu, als ob auch der Krieg im Fernen Osten jeden Moment zu Ende sein könnte. Noch eine solche Bombe wurde auf

Nagasaki abgeworfen, und am 15. August erhielten wir die Nachricht von der japanischen Kapitulation.

Wir alle rannten aus dem Unterricht und machten uns nach London auf, dreißig Meilen entfernt, bezahlten nichts für Bahn und Bus, mischten uns unter die Menge und sahen den König und Churchill vom Balkon des Buckingham Palace winken. Es war meine erste Reise nach London, und ich war überrascht, daß in der U-Bahn nur eine Sekunde zwischen einer Station und der nächsten zu vergehen schien, ein Zeichen dafür, wie wenig ich zu jener Zeit im Kopf hatte. Heutzutage kann ich dazwischen an hundert verschiedene Dinge denken. Mein steter Drang, von Nottingham wegzukommen, mag daran schuld gewesen sein. Vielleicht schien die Zeit zwischen den Stationen auch deshalb so kurz, weil meine Gedanken so rasch und intensiv waren.

Ich bekam eine Stelle als Luftüberwachungsassistent, und nach einem zweiwöchigen Kursus auf einem Fliegerhorst der Air Force kam ich an den Flugplatz Langar in Nottinghamshire. In der nahegelegenen A. V. Roe-Fabrik wurden York Verkehrsmaschinen gebaut, und meine Aufgabe bestand darin, sie bei ihren Testflügen vom Kontrollturm aus hinauf- und wieder herunterzuleiten. Ich war vom Luftfahrtministerium als Beamter auf Zeit eingestellt, und mein Lohn betrug die Hälfte dessen, was ich in einer Fabrik bekommen hätte; dennoch war mir meine neue Arbeit viel lieber. Ich hatte der Fabrik den Rücken gekehrt und würde mir für meinen Lebensunterhalt nie wieder die Hände aufreißen und schmutzig machen. Mein Nottinghamer Dialekt verschliff sich zu einem neutraleren Englisch, da ich viel telefonierte und mit ankommenden Flugzeugen über Funk sprach.

Meine einzige Enttäuschung war, daß ich noch immer zu Hause wohnte. Ich hatte gehofft, in dem nahegelegenen Dorf einquartiert zu werden, aber das ging nicht, weil ich nicht mehr als zwanzig Meilen davon entfernt wohnte. Um sechs

Uhr morgens stand ich auf und fuhr mit dem Bus in die Stadt. Ich kaufte den Daily Herald, ein Labour-Blatt, und las es in einem zweiten Bus, der mich zusammen mit den übrigen Flugzeugarbeitern die zwölf Meilen nach Langar brachte, wo die Arbeit um 7.45 Uhr begann. Am Abend wurde der Flugplatz geschlossen, und ich ging nach Hause. Es gab einen verantwortlichen Offizier und zwei Assistenten, von denen einer ich war. Da es sehr wenig Flugverkehr gab, verbrachte man die meiste Zeit mit Lesen, aus dem Fenster starren, Darts spielen oder mit Abfangübungen auf einer Sammlung exotischer Koppeldiagramme, wie Marineflieger sie gebrauchen können.

Im Winter gab es noch weniger zu tun. Am Ende des Jahres konnte ich mit gutem Grund zufrieden sein mit den Veränderungen, die 1945 der Welt und mir gebracht hatte – so schien es jedenfalls. Dem Glücklichen ist das Leben eine lange Bahn.

Dieter Wellershoff

Kriegsende

Der Krieg hätte für mich zu Ende sein können. Ich war im Oktober 1944 bei den Abwehrkämpfen an der ostpreußischen Reichsgrenze verwundet worden und hatte Herbst und Winter in einem Lazarett in Bad Reichenhall am Nordrand der Alpen verbracht. Meine Verwundung, eine Granatsplitterverletzung im Oberschenkel, die zuerst lebensgefährlich aussah, weil die Schlagader angekratzt war und sich ein Aneurysma gebildet hatte, war nach der Operation schnell so weit geheilt, daß ich am Stock und bald auch ohne Stock gehen konnte. Das hatte mir einige Aufgaben eingebracht: Ich wurde auf kleinere Dienstfahrten geschickt, um fehlende Ausrüstungsgegenstände für das Lazarett zu besorgen, die Gestaltung der Weihnachtsfeier wurde mir übertragen, und so kam ich auch in einen kleinen Kreis von Verwundeten, die einem sogenannten NS-Führungsoffizier unterstanden, der für das kulturelle Leben der Lazarettstadt zuständig war.

Als hätte mein Körper verstanden, daß er mir ein Alibi verschaffen mußte, eiterte meine Wunde immer noch. Ein oder zweimal wurde mir Bettruhe verordnet, aber dann wurde ich wieder gebraucht und humpelte in der winterlichen Kälte herum. Mein Aussehen war sonderbar. Ich trug noch meine feldgraue Uniformjacke, aber die bei der Verwundung zerfetzte Hose war durch eine geflickte, abgewetzte blaugraue Luftwaffenhose ersetzt worden. Ich besaß keinen Mantel, keine Handschuhe, keinen Pullover und mußte mir alles gegen Zigaretten von bettlägerigen Kameraden ausleihen, wenn ich das Lazarett, die ehemalige Knabenschule, verließ. Nicht immer bekam ich alles zusammen und wurde gelegentlich von Offizieren angehalten, weil ich mit den Händen in den Hosentaschen auf sie zugegangen war und erst zu spät zur sogenannten Ehrenbezeugung die Hände hervorgezogen hatte.

»Was ist mit Ihnen los? Wie laufen Sie denn herum?« Ich zeigte meine blaugefrorenen Hände. »Ich habe keine Handschuhe, Herr Leutnant.« »Sie haben keine Handschuhe?« »Nein.« Die Antwort löste Kopfschütteln aus. Es war den Offizieren anzusehen, daß sie alles für verloren hielten. Konnte man noch militärische Disziplin verlangen, wenn es keine Handschuhe mehr gab? Sie ließen mich gehen. Nach drei Schritten schob ich die Hände wieder in die Taschen. Ohnehin war das Grüßen in der ganzen Wehrmacht zu einer besonders lustlosen Pflicht geworden, seit nach dem Attentat vom 20. Juli 1944 der militärische Gruß durch den Nazigruß mit ausgestrecktem Arm ersetzt worden war, der nach allgemeiner heimlicher Interpretation nicht mehr »Heil Hitler«, sondern »So hoch liegt der Schutt in Berlin« bedeutete.
Ja, der Krieg war verloren. Jeder wußte es. Die Fähnchen auf den Landkarten, die den Verlauf der Fronten markierten, rückten immer enger zusammen. Im Westen hatten die alliierten Streitkräfte die letzten deutschen Gegenoffensiven abgewiesen und standen an den Reichsgrenzen. Im Osten begann am 12. Januar eine sowjetische Großoffensive, die sich bald über die gesamte Ostfront von Ostpreußen bis nach Ungarn ausdehnte und die weit unterlegenen deutschen Truppen vor sich hertrieb. In Schneestürmen bei 20° Kälte begann die Massenflucht der Bevölkerung der deutschen Ostprovinzen. Kein Radiokommentar, der vom erbitterten Widerstand der deutschen Truppen und den gewaltigen Verlusten der Angreifer faselte, konnte uns Lazarettinsassen in Bad Reichenhall noch über die tatsächliche Katastrophe hinwegtäuschen. Wie gut, daß wir hier waren, im Warmen und vorläufig in Sicherheit. Selbst die Schwerverletzten waren dankbar für ihre Verwundungen. Auch die leichter Verletzten, wie ich, hofften, daß sie »diese Stellung« halten konnten, bis alles zu Ende war. Was dann allerdings auf uns wartete, erschien uns düster und bedrohlich. Verschleppung, jahrelange Zwangsar-

beit, Hunger, Obdachlosigkeit – alles das war wahrscheinlich. Doch was immer es sein mochte, es war besser als der Tod.
Wer will schon sterben für eine verlorene Sache? Einige Fanatiker, Märtyrer, verkappte Selbstmörder, nicht die Mehrzahl der Menschen. Ich gehörte zu der Mehrzahl. Im Frühsommer 1944 hatte an einem Garagentor unserer Kaserne in Berlin-Reinickendorf noch die Inschrift gestanden: »Hier ruht der Idealismus eines Kriegsfreiwilligen«. Das muß heute erklärt werden, um verständlich zu sein. Wir, lauter achtzehnjährige Kriegsfreiwillige, meistens Schüler mit Notabitur oder Schüler von Forstakademien, viele von uns, auch ich, HJ- oder Jungvolkführer, verfluchten nicht den Krieg, sondern die nun schon dreiviertel Jahr lang andauernde infanteristische Ausbildung. Ungeduldig warteten wir auf den Fronteinsatz. Wir fühlten uns als Elitetruppe, gehörten zum Begleitregiment Hermann Göring, waren vorzüglich ausgebildete Waffentechniker, die auch mit verbundenen Augen in Blitzzeit jeden Handgriff beherrschten. Von unserem Kompaniechef wußten wir, daß er »Halsschmerzen« hatte. Das heißt, er wollte das Ritterkreuz haben. Wir hatten nichts dagegen, er sollte es bekommen. Alle hatten wir an Lagerfeuern des Jungvolks und der HJ gesungen »Heilig Vaterland in Gefahren, deine Söhne sich um dich scharen. Eh der Fremde dir deine Krone raubt, Deutschland, fallen wir Haupt bei Haupt.« Es war uns ernst damit, wenn auch nicht ohne heimliche Beklommenheiten. Doch darüber wurde nicht gesprochen. Die Stimmung war unternehmerisch und erwartungsvoll, als wir an die Front fuhren. Vor unserem ersten Einsatz gegen abgesprungene russische Fallschirmjäger in den Waldgebieten der Rominter Heide dudelte im Barackenlager ein Grammophon den Schlager »Eine kleine Landpartie mit dir in den Wald«. Das pfiffen wir, als wir ins Einsatzgebiet fuhren, natürlich auch, um uns Mut zu machen.

Später hörte ich, der Einsatz, der nur einen russischen Gefangenen einbrachte, habe keinen unmittelbaren militärischen Zweck gehabt, sondern dazu gedient, die Rominter Heide für eine Jagdgesellschaft Görings freizukämmen. Ich weiß nicht, ob das stimmt. Es entspräche durchaus meinem Eindruck von dem dicken, aufgeschwemmten, körperlich und geistig kranken Potentaten, der damals auf einer Waldwiese unser Bataillon besichtigte. Er stapfte in seiner weißen Operettenuniform schwerfällig an uns vorbei und sah uns mit seltsamen glasigen Augen an, die mir völlig blicklos und leer erschienen. Dann stellte er sich vor die Front und brüllte eine kurze Ansprache heraus, die aus lauter Schimpf- und Kraftworten bestand. Vaterlandsverräter und Feiglinge hätten den Zusammenbruch der Ostfront verschuldet. Aber wir würden die Russen schon in den Arsch treten und sie hier an der Reichsgrenze vernichtend schlagen und dahin zurückjagen, woher sie gekommen waren. Es war eine Demonstration von Ohnmacht, Lüge, Selbstbetrug und popanzhafter Wut, und den Namen dieses Mannes trugen wir auf dem Ärmelstreifen unserer Uniform. Diskutiert wurde nicht darüber. Aber einige unter uns spezialisierten sich darauf, ihn zu karikieren, und lösten allgemeines Gelächter aus. Es war ein Versuch der Abgrenzung, mit dem wir tiefergreifende Zweifel abwehrten.

Kurz danach hörten wir ein Schimpfwort, das uns galt. Wir hatten eine Auffangstellung in Litauen besetzt und sahen die Reste der zerschlagenen Truppen auf uns zukommen, die vierhundert Kilometer Rückzug hinter sich hatten, abgekämpfte, erschöpfte, resignierte Männer, die uns als Kriegsverlängerer beschimpften und aufforderten, mit ihnen zusammen nach Westen abzuhauen. Solche Szenen hatten wir noch nie gesehen. Waren das die bewunderten Helden aus den Wochenschauen, die fast ganz Europa erobert hatten? Was hatte sie so verwandelt? Was kam auf uns zu? Eine tiefe

Bedrückung erfaßte alle. Das Kriegsspiel, der Heldentraum waren vorbei, die blutige Erfahrung begann.
Das Regiment wurde in Feuerwehreinsätzen in alle neu aufgerissenen Frontlücken geworfen. Wir fuhren mit den Fahrzeugen fast in die russischen Angriffsspitzen hinein. Wir wurden, wie es hieß, »verheizt«. Nach drei Monaten waren von der Kompanie, die in voller Kriegsstärke mit 220 Mann ausgerückt war, noch neun Mann im Einsatz. An dem Tag, an dem ich verwundet wurde, hatte die Kompanie am Morgen mit hundertzwanzig Mann eine russische Waldstellung angegriffen und war in einen Sperrfeuergürtel hineingeraten. Es gab kein Vor und Zurück mehr. Als die schützende Dämmerung hereinbrach, fanden sich, wie ich später hörte, noch dreißig unverwundete Leute zusammen. Ich sah noch zwei von uns fallen, als ich, das verwundete Bein auf dem gesunden liegend, in stundenlanger Anstrengung rückwärts robbte, um aus dem Feuer herauszukommen. Nur weg, dachte ich, nur weg! Ich konnte mich kaum noch bewegen. Die Uniform hakte sich am Boden fest. Ich kam bis zu den Qualmwolken in Brand geschossener Strohschober. Das Feuer der eigenen Maschinenwaffen war dünn geworden, während die Abschüsse der russischen Batterien, die hinter dem Wald standen, nicht mehr aufhörten. Bald mußte der russische Gegenangriff kommen, und in dem Durcheinander und der Panik des Nahkampfes würde ich wahrscheinlich erschossen werden. Dann tauchte plötzlich ein Kompaniemelder auf, der wohl in mir eine Möglichkeit sah, vorübergehend nach hinten zu verschwinden. Er schleppte mich mit, vorbei an Toten, die wir beide kannten. Einer lag mit dem Kopf vornüber in einem Wassergraben, als ob er im Sterben ertrunken sei. Der Melder gab mich bei einem Sanitätsposten ab, mußte wieder nach vorne. Für mich begann ein langer Weg von Verbandsplatz zu Verbandsplatz, bis ich nach Tagen in einen Lazarettzug mit schwarzgestrichenen Scheiben verladen wurde, einer der vie-

len Züge, die die Verwundeten und Verstümmelten der immer noch weiter tobenden Schlacht nach Westen wegfuhren, als brächten sie eine tägliche Ernte ein.
Die Monate im Lazarett in Bad Reichenhall zähle ich zu den Glückszeiten meines Lebens. Ich sah zum ersten Mal die Alpen und gleich in der Pracht eines Winters mit tiefem Schnee. Ich lernte eine Frau kennen, ein paar Jahre älter als ich, die in den Lazaretten der Stadt als Krankengymnastin arbeitete, und vor dem Hintergrund des Krieges und der ungewissen Zukunft bekam die Begegnung den Zauber einer Liebesgeschichte auf Widerruf. Alles würde bald zu Ende sein, deshalb war alles kostbar. Vielleicht aber war das Kostbarste das Allereinfachste: ein Bett zu haben und schlafen zu können ohne Angst.
Eines Abends saß ich auf dem Bett und betrachtete meine wieder stärker eiternde Wunde. Etwas Bräunliches, Festes war zum Vorschein gekommen. Ich zupfte daran und zog zu meiner Überraschung einen langen zusammengeklebten dünnen Schlauch hervor. Es war eine vergessene Drainage. Blut strömte nach, die Spannung im Bein löste sich. Ich spürte, daß die Wunde jetzt bald heilen würde.
Eine knappe Woche später kam der »Heldenklau«, eine Kommission von Militärärzten, die die Lazarette nach frontverwendungsfähigen Soldaten durchkämmte. Bei meiner guten Beziehung zur Schreibstube des Lazarettes hätte ich an diesem Tag eine Dienstfahrt bekommen können, um zu verschwinden. Aber ich kümmerte mich nicht darum. Und als der kontrollierende Militärarzt mich aufforderte, um einen großen Tisch in der Mitte des Lazarettsaals herumzugehen, weil er sehen wollte, wie ich mich bewegte, durchzuckte mich eine verrückte Idee, der ich nicht widersprechen konnte, und ich lief so schnell ich konnte um den Tisch herum. Ich war wieder kriegsverwendungsfähig und mußte in zwei Tagen das Lazarett verlassen. Seltsamerweise fand mein Verhalten

Nachfolge. Noch mehrere jüngere Verwundete liefen um den Tisch herum, und der Heldenklau, ein älterer Arzt, der dies nicht erwartete und vielleicht nicht einmal gewollt hatte, schrieb sie alle kriegsverwendungsfähig.

Mein plötzlicher Impuls war aus einem Bündel unzusammenhängender Motive hervorgegangen. Ich hatte einen Streit mit meiner Freundin gehabt, und dies schien mir eine passende dramatische Antwort zu sein. Das allerdings war unterbaut durch eine realistische Überlegung. Wer jetzt aus dem Lazarett entlassen wurde, bekam noch zehn Tage Genesungsurlaub. Die wollte ich bei meinem Vater verbringen, der nördlich des Ruhrgebietes eine Flakabteilung befehligte. Ich hoffte, daß ich mich dort von den Engländern oder Amerikanern gefangennehmen lassen konnte, die meinen niederrheinischen Heimatort schon besetzt hatten und inzwischen am linken Rheinufer standen. Doch das war eine vage Spekulation. Vernünftiger wäre es gewesen, das Kriegsende im Lazarett zu erwarten. Und so war der Impuls, um den Tisch herumzulaufen und mein Leben noch einmal aufs Spiel zu setzen, vielleicht nur der Reflex der gespenstischen Absurdität des Ganzen, ein verrückter Moment verworrener Existenzbehauptung.

Es war März 1945. Die Fahrt nach Norden in überfüllten Zügen, auf mehrfach unterbrochener Bahnstrecke, dauerte über zwei Tage. Über uns tauchten mehrmals amerikanische Jagdflugzeuge auf, trieben uns mit ihren Bordwaffen aus den Waggons in notdürftige Deckungen rechts und links der Bahngleise. Es gab Tote und Verwundete, eine neue Lok mußte abgewartet werden, vor allem aber die Dunkelheit. In den Zügen, die oft stundenlang auf einem Gleis herumstanden, ehe sie weiterfuhren, herrschte eine dumpfe Endzeitstimmung. Es kam mir so vor, als seien alle diese Frauen und Soldaten unterwegs zu ihrer persönlichen Endstation im letzten Akt des nationalen Dramas, das sich vollzog. Gleichgültigkeit und Erschöpfung, aber auch unbedingter Überlebenswille waren in den Gesichtern zu lesen, und nicht selten auch die sexuelle Erregung, mit der sich im Gedränge der Züge zwei fremde Körper stumm gegeneinander preßten.

Seit meiner Einberufung im Frühjahr 1943 hatte ich meinen Vater außer bei der Beerdigung meiner Mutter, die auf der Flucht vor den Bomben an einer plötzlich notwendig werdenden Operation gestorben war, nicht mehr gesehen. Auch vorher hatte es wenig Kontakt gegeben, denn seit dem Einmarsch in die Tschechoslowakei im Sommer 1938 war er Soldat und war nur zu kurzen Urlauben nach Hause gekommen. Wir trafen uns in Werne in Westfalen in der Wohnung seiner späteren zweiten Frau. Von dort nahm er mich ins südliche Münsterland zu seinem Befehlsstand mit. Er befehligte keine Flakabteilung mehr, wie ich gedacht hatte, sondern hatte sich zum Spezialisten für Scheinanlagen entwikkelt. Das waren Attrappen von Industriewerken, in denen spärlich beleuchtete Kipploren herumfuhren und Güterzüge vortäuschten. Zum Entsetzen der umwohnenden Bauern warfen die alliierten Geschwader manchmal ihre Bomben darauf ab.

Fast jede Nacht mußten wir in den Bunker. Tagsüber wanderte ich auf den öden Feldern herum und wartete darauf, daß die amerikanischen oder englischen Panzer in einem raschen Vorstoß über den Rhein kamen und mich gefangennahmen. Aber nichts geschah. Meine Spekulation hatte sich als Unsinn erwiesen. In Ost und West ordneten die feindlichen Armeen ihren Aufmarsch für die letzte Offensive auf das geschrumpfte Deutsche Reich, das längst in Agonie lag. Ich überlegte, ob ich mich irgendwo verstecken könnte, aber das Ende war noch nicht absehbar, und die Bauern der Umgebung hätten mich bestimmt nicht heimlich in ihren Scheunen mit Lebensmitteln versorgt, sondern mich schon aus Angst an die Feldgendarmerie verraten. Mein Vater verschaffte mir durch einen befreundeten Stabsarzt sechs Tage Urlaubsverlängerung, notdürftig begründet mit der noch nicht ganz verheilten Wunde, die eigentlich nur noch eine Sache für einen Streifen Leukoplast war. Die herbeigesehnten westlichen Alliierten kamen nicht. Ich mußte zu meiner Einheit nach Berlin, und das hieß an die Ostfront.

Ich besitze noch einen kleinen Taschenkalender für das Jahr 1945, den mir mein Vater auf die Reise mitgab. Darin hatte er für den 11. Mai die Adresse in der westfälischen Kleinstadt eingetragen. Dorthin sollte ich mich nach dem Krieg durchschlagen, um ihn zu treffen oder eine Nachricht von ihm zu finden. Der 11. Mai war also seine Schätzung, wann ungefähr der Krieg zu Ende sein würde. Dieser Taschenkalender war mit lauter nationalen Triumphdaten gespickt. Am 10. Mai steht: »1940 Deutscher Angriff über die Westgrenze.« Aber auch: »Himmelfahrt Christi. Wird während des Krieges auf den folgenden Sonntag verlegt.« So war das also: Ein Werktag mehr für die Rüstungsindustrie hatte Vorrang, Christi Himmelfahrt mußte warten.

Berlin, das ich seit Mitte Juli 1944 nicht mehr gesehen hatte, war eine Stadt, die sich auf Belagerung und Straßenkampf vorbereitete. Straßensperren wurden errichtet, Durchhalteparolen und Strafandrohungen der Stadtkommandantur hingen an den Häuserwänden. Die Zerstörung durch Bombenangriffe war noch weiter fortgeschritten. Aber am Kasernentor in Reinickendorf wurde ich vom wachhabenden Feldwebel wegen meiner unmilitärisch langen Haare gerügt.

In der Kaserne wurden neue Einheiten für den Endkampf zusammengestellt: – zusammengewürfelte Haufen, vielfach Leute ohne infanteristische Ausbildung, ehemalige Kraftfahrer, Bodenpersonal von Flughäfen, Panzerfahrer ohne Panzer, Artilleristen ohne Kanonen, Kasernenpersonal ohne Fronterfahrung, Verwundete, bedingt Verwendungsfähige, alle demotiviert und heimlich entschlossen, sich davonzuma-

chen, und zwar möglichst nach Westen. Ich wußte, hier vertraute keiner dem anderen. Ganz im Gegensatz zu meiner alten Kompanie war es eine Truppe ohne inneren Zusammenhalt. Es herrschte eine zynische Stimmung, durchmischt mit Angst und plötzlicher offener Brutalität, wenn es um die Erringung von Vorteilen ging.
Wir wurden notdürftig ausgerüstet und nach Osten in Marsch geschickt, um ein frisch ausgehobenes Grabensystem zehn bis zwanzig Kilometer vor der Stadt zu besetzen. Dort machten wir eine Gefechtsübung. Ich war einer der wenigen, die mit einem Maschinengewehr umgehen konnten. Von meiner Stellung aus blickte ich auf eine Landstraße, an deren Bäumen sich das erste Frühlingsgrün zeigte. Bald würden dort die russischen Panzerspitzen erscheinen. Aufgesessene Infanterie würde abspringen und gegen unsere lächerliche Stellung vorgehen, und dann würde die Hölle los sein. Man durfte nicht zu spät aus dem Graben heraus zu fliehen versuchen, weil man dann abgeschossen wurde wie ein Hase. So blieb vielleicht nur die Chance, sich überrollen zu lassen und sich zu ergeben, falls man den Ansturm überlebt hatte.
Ich erging mich in diesen Überlegungen. Dann plötzlich sah ich unten auf der Landstraße einen einsamen Radfahrer, einen alten Mann in Arbeitskleidung, vielleicht ein Bauer, der von seinen Feldern kam und zum Mittagessen geruhsam ins Dorf zurückradelte, und ich hatte ein paar Sekunden lang eine Vision davon, was Frieden bedeutete. Würde ich das je noch einmal erleben?
Wieder wurden wir umorganisiert und in Marsch gesetzt. Ich hatte jetzt ein Fahrrad und gehörte zur Einsatzreserve des Regiments, das in den Oderwäldern östlich Kloster Chorin Verteidigungsstellen bezog. Wir fällten Bäume und bauten Unterstände. Es war Mitte April. Im Wald brach mit Macht der Frühling aus, und in der Nacht zum 16. April

begann an der Oder das Donnern der russischen Geschütze. Die letzte Schlacht des Krieges hatte begonnen.
Anscheinend hielten die Truppen, die vor uns lagen, ihre Stellungen, denn es änderte sich nichts. Im Wald tauchten Fremdarbeiterinnen auf, Frauen aus der Ukraine. Sie hockten um ein Reisigfeuer und warteten auf das Erscheinen der Roten Armee. Sie konnten einigermaßen gut deutsch, und wir rissen blöde Witze mit ihnen. Sie sollten uns heiraten und mit nach Rußland nehmen. Oder wollten sie nicht doch lieber in Deutschland bleiben und mit uns nach Westen verschwinden?
Inzwischen sickerte die Nachricht durch, daß die Rote Armee nördlich und südlich von uns die Oder überschritten hatte und sich in einer Zangenbewegung auf Berlin zu bewegte. Wir waren also umgangen worden, und wahrscheinlich war uns der Rückzug längst abgeschnitten. Ich wurde als Melder zum Unterstand des Regimentskommandeurs abkommandiert. Es war ein sympathischer, ruhiger, besorgt aussehender Mann, im Zivilberuf Studienrat, der mich nach mir ausfragte und sich längere Zeit väterlich mit mir unterhielt. Es war der 20. April. Der Gefechtslärm an der Oder flaute für Stunden ab und begann dann wieder. Im Radio hielt Goebbels aus dem fast eingeschlossenen Berlin eine wahnsinnige Rede zu Hitlers Geburtstag. Der Führer sei in Berlin und leite persönlich die Verteidigung der Reichshauptstadt, an deren Mauern die russische Dampfwalze zerschellen würde. »Berlin bleibt deutsch, Wien wird wieder deutsch«, schrie der oberste Märchenerzähler, der bei niemandem mehr Glauben fand.
Die Ukrainerinnen waren plötzlich verschwunden. Statt dessen kam ein verirrter Treck von deutschen Dorfbewohnern aus der Oderniederung durch den Wald, die vor Erschöpfung kaum noch weiter konnten. Noch immer geschah nichts. Wahrscheinlich war die Verbindung zu den höheren Armee-

stäben abgerissen und wir lebten hier im Wald in einem toten Winkel der Schlacht. Am frühen Morgen des 24. April gab mir der Regimentskommandeur den Auftrag, mit meinem Fahrrad nach Nordwesten in den Ort Sandkrug bei Kloster Chorin zu fahren und festzustellen, ob dort noch deutsche Truppen waren oder schon die Rote Armee.

Von hier ab habe ich in dem kleinen Taschenkalender, den mir mein Vater mitgegeben hatte, skizzenhafte Aufzeichnungen gemacht, so daß ich heute noch die Fluchtbewegung Tag für Tag auf der Landkarte verfolgen kann. Der Ort Sandkrug war ein kleines Straßendorf aus ärmlichen Siedlungshäusern mit Viehställen und Hausgärten, umgeben von Wald. Wir hatten dort ein paar Tage in Quartier gelegen, bevor wir in die Waldstellung zogen. Als ich jetzt aus dem Wald herauskam und die Straße entlang spähte, war kein Mensch zu sehen. Ich versteckte mein Fahrrad im Gebüsch und ging dicht am Straßenrand mit klopfendem Herzen in den Ort hinein. Etwa in der Mitte lag das Haus, in dem ich, zusammen mit anderen, einige Tage gelebt hatte. Die Bewohner waren anscheinend geflohen. Nichts rührte sich. Unheimlichkeit dieser Menschenleere. So lautlos wie möglich schlich ich durch ein Seitentor in den engen Hof, der vom Nachbargrundstück durch einen mehr als mannshohen Bretterzaun getrennt war. Plötzlich hörte ich nebenan leise Stimmen, Deutsche, wie ich im nächsten Augenblick erkannte. Ich blickte durch eine Ritze im Bretterzaun und sah greifbar nahe eine halbnackte junge Frau. Sie trug Seidenstrümpfe, einen kleinen Schlüpfer und einen Büstenhalter, hatte hochhackige Schuhe an und hielt mit ihren nackten Armen einen Karabiner im Anschlag, als ziele sie auf etwas. Ihre Erscheinung war besonders phantastisch, weil sie sich an einen Unteroffizier in einem langen feldgrauen Mantel anlehnte, der sie von hinten umfaßte und ihre Gewehrhaltung korrigierte. Aber eigentlich war das eine Umarmung, und das Gesicht des Mannes war überschwemmt von sexueller Gier. Ich stand wie angenagelt da. Sie hätten mich leicht entdecken können, aber sie sahen mich nicht. Außerhalb meines engen Blickfeldes mußten noch zwei andere Männer sein, deren Stimmen ich hörte, ohne sie verstehen zu können. Ich war Zeuge einer Szene, die für mich eine unvergeßliche Verkörperung von Sexualität, Anarchie und Todesnähe geblieben ist. Diese kleine Gruppe von Versprengten schien vergessen zu haben, wo sie sich befand, und daß es höchste Zeit war, zu fliehen und seine Haut zu retten. Ich schlich mich davon. Während ich im Eiltempo zum Regiment zurückradelte, schwebte mir das Bild der halbnackten Frau vor Augen. Sie schien mir das Beste zu sein, was man sich vom Leben wünschen konnte. Ich phantasierte davon, daß ich mich der Gruppe hätte anschließen sollen und daß ich sie dann auch bekommen hätte, vielleicht sogar mit ihr verschwunden wäre in ein unauffindbares Versteck.

Als ich in der Waldstellung ankam, war alles im eiligen Aufbruch. Mein Rad wurde angeblich von einem Offizier gebraucht, der seine Einheit suchte. Ich wurde dazu abkommandiert, mit drei anderen Soldaten einen Handwagen, beladen mit Waffen und Munition, über die sandigen Waldwege zu ziehen. Wir marschierten nach Norden und kamen zu einem kleinen menschenleeren Ort mit dem Namen Herzsprung. Auf der Dorfstraße lagen viele aufgeplatzte Kisten voller Kunsthonig, mit dem wir unsere Kochgeschirre füllten. Im nächsten Ort kratzten wir die Kochgeschirre wieder leer, um sie mit Schweineschmalz zu füllen, das wir in einem Bauernhaus gefunden hatten. Auch Flaschen mit selbstgemachtem Johannisbeerwein entdeckten wir in den verlassenen Häusern, und bald waren mehrere von uns betrunken. Undeutlicher Gefechtslärm hatte uns wieder einen Schwenk nach Südwesten machen lassen. Das Regiment zog sich auseinander. Wir gerieten auf den Waldwegen mit dem schweren Karren immer mehr ins Hintertreffen. Der mühsame Marsch ging weiter bis in die Nacht hinein. Am nächsten Morgen erreichten wir die Autobahn von Berlin nach Stettin. Auf der leeren Bahn ging es wieder in Richtung Norden. Der Karren rollte jetzt besser, und wir gewannen wieder Anschluß. War das überhaupt noch Krieg, diese ziellose Wanderung durch ein menschenleeres Land?

In dem kleinen Dorf Glambeck westlich der Autobahn sammelt sich das Regiment. Ich stehe mit wundgelaufenen Füßen im Dorfteich, als ein Tumult beginnt. Russische Panzer sind über die Autobahn vorgedrungen und schießen in das Dorf hinein. Das Regiment flieht, begünstigt durch die beginnende Dämmerung und einen bald einsetzenden wolkenbruchartigen Regen, der stundenlang andauert. Noch immer zerren wir zu viert den Handkarren mit der Munition, den Panzerfäusten und zwei Maschinengewehren hinter uns her. Aber auf dem schlammigen Weg kommen wir nicht weiter. Wir sind wieder die letzten, wollen nur eine kurze Pause machen und schlafen ein. Ein vorbeipreschendes Pferdegespann weckt uns auf. Das sind deutsche Soldaten auf der Flucht. Wir lassen unseren Karren stehen und laufen hinterher. Im Wald kommen wir durch eine dünne Postenkette, die den Rückzug des Regiments deckt. Wir sind jetzt in den Wäldern der Schorfheide, Görings beliebtestem Jagdgebiet, wo irgendwo sein Haus Karinhall steht. Da ist er jetzt sicher nicht mehr.

Am Morgen sammelt sich das Regiment in Gollin. Schweine werden geschlachtet, die in den Ställen zurückgeblieben sind. In einem Haus sitzt ein junges Mädchen bei seiner kranken Mutter. Es will sie nicht verlassen. Wir ziehen ab. Nur nicht abkommandiert werden zu den Leuten, die den Rückzug decken. Das sind Todeskommandos. Wahrscheinlich verlassen sie aber bald nach uns ihre jämmerlichen Schützenlöcher und laufen hinter uns her.

Das Regiment gerät wieder auseinander, vermischt sich mit Versprengten anderer Truppenteile. Neben mir läuft eine

Zeitlang ein Soldat mit einem blutroten Verband. Ihm sind zwei Finger abgeschossen worden. Er versucht, Anschluß zu halten, bleibt aber immer weiter zurück. Mehrere Soldaten in nassen unvollständigen Uniformen kommen aus einem Waldstück. Sie sind auf der Flucht vor den Russen durch einen See geschwommen. Ich schleppe immer noch einen Karabiner mit mir herum. Viele haben ihre Waffen schon weggeworfen. Im Sand der Waldwege stecken Flüchtlinge mit ihren hochbeladenen Pferdewagen fest, Frauen und Kinder, einige alte Männer. »Soldaten, helft uns!« flehen sie uns an. Aber das ist sinnlos, wir gehen weiter. Man wird zum Schwein, wenn es nur noch um das eigene Leben geht. Auf einmal galoppieren zwei reiterlose, gesattelte Pferde quer über den Weg. Sind das Kosakenpferde? Jede Lichtung überqueren wir mit Vorsicht, jeder kleinen Häuseransammlung nähern wir uns mit Angst, durchsuchen dann hastig die Höfe und Schuppen nach Fahrrädern. Eins wird mir vor der Nase weggeschnappt. Ein kleiner Ort mit Namen Hammelspring wirkt wie ein höhnischer Witz, denn wir müssen über ein offenes Gelände rennen, das von russischen Panzern beschossen wird. Die sind allerdings vorsichtig, als ob sie sich verfahren hätten.
Wieder im Wald, treffen wir auf eine Kette von Offizieren, die das Regiment zu ordnen versuchen. Planen die ein Rückzugsgefecht, einen Durchbruch? Die Soldaten sind mißtrauisch, versuchen sich vorbeizudrängen. Der Regimentskommandeur sieht mich und befiehlt unter einem schnell erfundenen militärischen Vorwand einem anderen Soldaten, mir sein Fahrrad zu geben. Es ist eine schreiende Ungerechtigkeit, aber vielleicht meine Rettung. Ich trampele los und gewinne Anschluß an eine Gruppe von Radfahrern aus der ehemaligen Einsatzreserve des Regiments. Wir sind zehn Mann, zusammen mit zwei Unteroffizieren, die eine Landkarte und Marschbefehle in Richtung Westen bei sich haben. Wir sind entschlossen, zusammenzubleiben und uns zu den Amerika-

nern oder Engländern durchzuschlagen. Die allgemeine Richtung soll das noch weit entfernte Lübeck sein, vielleicht können wir bis Schleswig-Holstein gelangen.
Das Unternehmen ist ein Herumtasten im Dunklen. Wir treiben in einem Vakuum zwischen den sowjetischen Angriffsarmeen herum, die noch nicht überall Kontakt untereinander haben. Die freien Räume werden dauernd enger. Nachts tragen wir unsere Räder durch dichten Wald, setzen im Sprung über Straßen und Schneisen hinweg. Erst in der Morgendämmerung schlafen wir ein paar Stunden, im taunassen Farnkraut versteckt. Mein Fahrrad ist ein krüppeliges Ding ohne Handbremse und mit einem selten funktionierenden Rücktritt. Dauernd springt die Kette ab, ich drohe zurückzubleiben. Irgendwo rase ich eine abschüssige, kurvige Straße hinunter, als mir ein Kradfahrer entgegenkommt, der »Panzer von vorne!« brüllt. Ich kann das Fahrrad nur zum Stehen bringen, indem ich in die Böschung fahre. Das Rad ist heil geblieben. Eine Zeitlang fahre ich neben einer Reiterin her. Sie ist ohne Gepäck, hat sich wahrscheinlich in letzter Minute aufs Pferd geschwungen und galoppiert davon. Ich trampele, um wieder Anschluß an die Gruppe zu finden.
Dies ist der vierte Fluchttag. Wir nähern uns der mecklenburgischen Seenplatte, vielleicht ein Hindernis für die russischen Panzer. Aber auch unsere Ausweichmöglichkeiten werden dadurch begrenzt. Wir machen einen Schwenk nach Südwesten, um ein Gebiet voller kleiner Seen zu umfahren. Weiter südlich müssen die sowjetischen Angriffsarmeen operieren, die Berlin von Norden umfaßt haben. Wir dürfen nicht in ihre rückwärtigen Verbindungen geraten. Aber andere sowjetische Armeen stoßen aus Pommern und Nordmecklenburg nach Südwesten vor. Wenn sie uns gegen das Ostufer eines größeren Sees treiben, gibt es kein Entkommen mehr. Im Grunde weiß niemand etwas Genaueres über die große Lage. Vielleicht fliehen deshalb aus diesen Ortschaften schon nicht

mehr so viele Leute. Sie sehen auch das Elend der Trecks, die aus Ostpreußen, Pommern und Westpreußen kommen, und verstecken sich lieber in ihren Häusern. Draußen blüht der Frühling jeden Tag schöner auf, überzieht das Land mit einem lichtgrünen Schleier. Wir wollen gerade in das Dorf Mens hineinfahren, als russische Jagdflugzeuge im Tiefflug über den Wald kommen und den Ort angreifen. Wir liegen im Straßengraben und hören die Bordwaffen und die Schreie. Die Maschinen kreisen, kommen zurück, wiederholen den Angriff. Explosionen, Geschrei, MG-Geratter. Es brennt dort hinten: – Scheunen? Fahrzeuge? Im Dorf sind Flüchtlingstrecks und Militärfahrzeuge ineinander verkeilt. Als wir zehn Minuten später hindurchfahren, ist die Dorfstraße ein Blutbad. Tote und sterbende Menschen, Verwundete, verendende Pferde und Kühe, ausgebrannte Fahrzeuge, Geschrei und Weinen, Chaos und Hilflosigkeit.

Wir glauben, daß die Russen die Absicht haben, diese Rückzugsstraße aus der Luft zu blockieren, und entschließen uns, auf einer schmalen Waldstraße wieder nach Nordosten zu fahren. Auch hier aufgelöste, flüchtende Truppen. Nach einiger Zeit kommen Beiwagenkrads hinter uns her. Fahrer und Beifahrer haben Stahlhelme auf, der Beifahrer hält die Maschinenpistole quer vor der Brust. »Straße räumen für das OKW!« schreien sie uns zu. Wir klettern auf die Böschung. Ein Kübelwagen, aufgesessene Soldaten mit Stahlhelmen und in sauberen Uniformen, die Maschinenpistolen schußbereit. Dann ein großer Personenwagen mit Stander, auf den vorderen Kotflügeln Soldaten mit Maschinenpistolen im Anschlag. Auf dem Rücksitz erkenne ich den Feldmarschall Keitel, der andere muß Generaloberst Jodl sein. Das Oberkommando der Wehrmacht, Hitlers militärische Paladine auf der Flucht wie wir! Beide starren geradeaus. Sie wollen wohl nicht sehen, was sich auf den Fluchtstraßen abspielt. Noch ein Wagen mit Generalstabsoffizieren kommt vorbei. Es folgt ein Lafettenfahrzeug mit gegen den Himmel gerichteter Vierlingsflak und noch zwei Kräder, der Spuk ist vorbei. Es ist der Nachmittag des 27. April.

Aus Geschichtsbüchern über den Zweiten Weltkrieg weiß ich, wovon wir einen Augenblicksausschnitt gesehen hatten. Hitler hatte Keitel aus Berlin hinausgeschickt, um aus dem Westen und Norden Entsatzangriffe gegen den sowjetischen Umschließungsring voranzutreiben. Beide Unternehmungen waren inzwischen steckengeblieben. Keitel war von seinem Hauptquartier in Krampnitz bei Potsdam abgeschnitten und hatte sich nach Norden zu General Heinrici begeben, der seine Panzerarmee aus dem sinnlosen Kampf über den Voßkanal zurückgezogen hatte. Keitel forderte, daß die Defätisten und Deserteure unter den Soldaten erschossen oder erhängt wurden und der Angriff auf Berlin erneut beginnen sollte. Heinrici verweigerte den Befehl und wies Keitel auf einen Trupp versprengter Soldaten inmitten eines Flüchtlingstrecks hin: »Tun Sie sich keinen Zwang an, Herr Feldmarschall«, sagte er. »Wenn Sie die hier erschießen wollen, dann fangen Sie bitte an.« Keitel tobte, setzte Heinrici als Armeeführer ab. Aber die Armee war sowieso schon in Auflösung. Er bedrohte Heinrici mit dem Kriegsgericht. Auch das war nur noch Theaterdonner.

Kurz nach dieser Szene fuhr dann die Kolonne an uns vorbei nach Fürstenberg, wo Keitel und Jodl am nächsten Tag um eine knappe halbe Stunde der Gefangennahme entgingen. Sie waren jetzt machtlose Flüchtlinge wie wir alle. Am 29. April meldeten sie in einem Funkspruch an Hitlers Bunker in Berlin, daß alles verloren sei. Am Tag danach erschoß sich Hitler. Seine Leiche wurde, seiner Anordnung entsprechend, mit Benzin übergossen und am Bunkerausgang verbrannt. Die sowjetischen Soldaten waren keine hundert Meter mehr entfernt.

Das ging uns alles schon nichts mehr an, als wir es noch gar

nicht wußten. Das kollektive Drama war in viele Millionen individuelle Dramen zerfallen, und jeder einzelne kämpfte um sein Leben. Am späten Abend erreichen wir Mirow, eine kleine Stadt südlich des Müritzsees, und machen Rast. Die Stadt ist vollgestopft mit Flüchtlingstrecks und Militärkolonnen. In jeder Toreinfahrt, jedem Hof, in den Anlagen, auf den Bürgersteigen, überall lagern Menschen. Die Straßen sind durch Pferdegespanne und Militärfahrzeuge blockiert. Es ist stockdunkel, aber die ganze Stadt ist unruhig wie ein Ameisenhaufen. Offiziere versuchen, ihre Einheiten zu ordnen, Verpflegung wird ausgegeben, Kranke müssen versorgt werden, Rote-Kreuz-Schwestern teilen Tee aus, Kraftfahrer versuchen, Benzin zu organisieren, Versprengte suchen ihre Familien und Truppenteile, Gerüchte schwirren herum und lösen Verwirrung aus, und plötzlich heulen die Sirenen und alle Glocken beginnen zu läuten: – das bedeutet Panzeralarm. Die Nachricht fliegt durch die Menge, daß russische Panzer aus Richtung Neustrelitz auf die Stadt zurollen. Sofort bricht Panik aus. Die Menschen schreien, rennen im Dunkel herum, suchen ihre Familien, ihre Truppenteile, Pferde werden angespannt, zu schweres Gepäck wird von den Wagen geworfen, Militärfahrzeuge bahnen sich brutal ihren Weg, Fensterscheiben zerklirren, weil im Gedränge Menschen gegen die Hauswände gepreßt werden, es ist ein sich immer mehr steigerndes Chaos. Aber wir schaffen es mit unseren Rädern, an den Stadtrand zu kommen, werden von Feldgendarmen angehalten. »Panzerjagdtrupp?!« ruft man uns zu. »Jawohl!« brüllen wir zurück und werden durchgelassen.
Pausenlose schnelle Fahrt nach Nordwesten in einem angenehmen dünnen Regen. Die verschwitzte Uniform klebt am ganzen Körper. Dann spüren wir kühle Luft, die vom Müritzsee herüberkommt, dem größten mecklenburgischen See, der uns nach Osten abschirmt. Wir fahren weiter bis zum frühen Morgen. Wir sind vorerst in Sicherheit.

Zwei Tage verbringen wir auf dem Rittergut Groß Kelle. Wir müssen erst warten, bis die Russen wieder heran sind. Denn wenn man den Kontakt zum Feind verliert, gerät man in Gefahr, von fanatischen Kommandos der Feldgendarmerie oder der SS als Deserteur erschossen oder erhängt zu werden. Die Karte zeigt uns, daß auch im Norden große Seen liegen. Wir befinden uns in einem geschützten Winkel, den die sowjetischen Angriffsspitzen wahrscheinlich zunächst umfahren werden. Die Ruhe hier ist trügerisch. Vielleicht sind wir schon eingeschlossen. Wir bleiben erst einmal, wohnen im verlassenen Herrenhaus. In der weitläufigen Hofanlage leben viele Fremdarbeiter. Einige nehmen mit uns Kontakt auf, schlachten für uns ein Ferkel und einen Hammel. Die meisten sind mißtrauisch oder feindlich, halten sich zurück. Noch sind wir die Herren. Doch eigentlich sind wir nur eine Bande von bewaffneten Räubern, die den Weinkeller der geflohenen Gutsbesitzer geplündert haben und in den Sesseln der großen Halle herumsitzen. Wir profitieren von der Macht der Roten Armee, ohne die wir nie in dieses Haus hineingekommen wären. Das ist alles sehr verwirrend, auch die Stille draußen in der riesigen Hofanlage. Ich gehe im Park spazieren, betrachte die Rückfront des Gutshauses mit den verriegelten Fensterläden, schaue in die Ställe, in denen noch Vieh steht, von den Fremdarbeitern versorgt. Es sind Leute verschiedener Nationalität. Polen, Franzosen, aber anscheinend sind keine Russen darunter, oder sie halten sich versteckt. Sollen wir nun weiterfahren oder nicht? Wir entschließen uns, eine zweite Nacht zu bleiben, stellen Wachen auf, die alle zwei Stunden abgelöst werden. Auch ich habe Wache. Es ist totenstill und finster, nur die Bäume rauschen manchmal im Wind. Vorübergehend kann man die Vorstellung verlieren, daß ringsum eine Katastrophe ihren Lauf nimmt, wie man sie allenfalls aus Geschichtsbüchern gekannt hat. Ich bin nicht im geringsten mit all dem fertig, was passiert. Ich kann es in Wirklichkeit überhaupt nicht fassen. Es ist aus mit Deutschland, das ich so sehr geliebt habe. Denn das ist nicht nur ein Krieg, der verlorengeht. Das ist viel umfassender und endgültiger, ein Verlust von aller vorstellbaren Zukunft. Ich weiß nur eins, daß ich überleben will. Ich bin neunzehn Jahre alt. Eigentlich müßte alles erst anfangen.

Nach zwei weiteren Fluchttagen auf Landstraßen, die sich immer dichter mit einem unentwirrbaren Gemenge von Trecks und auseinandergerissenen militärischen Kolonnen auffüllten, und nach einem weiteren furchtbaren Angriff sowjetischer Flugzeuge auf das festgefahrene Menschengedränge, erreichten wir am Abend des 2. Mai den kleinen Ort Sukow südöstlich von Schwerin. Von hier aus fuhr ein Güterzug im Pendelverkehr mit den von allen Seiten zusammenströmenden Soldaten zehn Kilometer weiter nach Westen, wo die Amerikaner standen. Wir waren am frühen Morgen dran. In den letzten Tagen war noch das Gerücht umgelaufen, Amerikaner und Engländer hätten sich mit dem deutschen Westheer vereinigt und machten gemeinsam Front gegen die Russen. Diese plötzliche Wunschphantasie wurde begründet mit dem Tod Hitlers, von dem am 3. Mai in einer Rundfunkmeldung behauptet worden war, er sei im Kampf an der Spitze der Verteidiger Berlins gefallen. Ich habe niemanden gesehen, der nicht völlig gleichgültig gegenüber diesem Tod war. Es schien der Tod eines beliebigen Fremden zu sein, nicht das Ende der kollektiven Identifikationsfigur oder des Verursachers der allgemeinen Katastrophe. Nur deshalb interessierte es uns, weil jetzt die westlichen Alliierten vielleicht bereit sein konnten, sich mit uns gegen die Sowjets zu verbünden.

Solche Gerüchte, die bei kurzer Rast am Rand der Fluchtstraße aufflackerten und weiterliefen, wurden allerdings bald durch düstere Nachrichten zunichte gemacht: Die Amerikaner weigerten sich, die Flüchtlingstrecks durchzulassen, weil sie ihre sowjetischen Verbündeten nicht dadurch verstimmen wollten, daß sie die Massenflucht der deutschen Bevölkerung in Richtung Westen als begründet anerkannten. Die Engländer, hieß es, dachten anders darüber, und so versuchten die Trecks, die zum Teil seit Januar unterwegs waren, nach Nordwesten abzuschwenken. Vermutlich konnten sie es nicht mehr schaffen.

Aber wir hatten es geschafft. Beladen mit Marketenderware, die von allen Troßfahrzeugen an die Flüchtenden verteilt worden war, richteten wir uns in einer Scheune ein. Die letzte Nachricht lautete, die Russen seien noch zwanzig Kilometer entfernt, kämen aber auf den verstopften, von Fahrzeugtrümmern übersäten Straßen nicht mehr voran. Am nächsten Morgen würden sie sich neu formieren und sicher erst gegen Mittag hier auftauchen, um sich an der Demarkationslinie mit den Amerikanern zu treffen. Wir hatten eine Nacht Zeit, um zusammen mit den Bauern, denen der Hof gehörte, das Ende des Krieges zu feiern.

Es wurde ein Freß- und Trinkgelage, das wir laut untermalten, indem wir unsere ganze Munition in die Luft ballerten. Und dann sagen wir Nazilieder, Marschlieder, Schlager aus UFA-Filmen, Zotenlieder, das ganze populäre Melodienrepertoire des Nazireiches mit seinen vielen Sing- und Marschstunden gröhlten wir noch einmal hinaus, als wäre das Ganze nur ein verrückter, komischer Unsinn gewesen, der nun im Suff ein passendes Ende fand. Während der Marketenderschnaps kreiste, wankte ab und zu einer nach draußen, um sich zu übergeben, kam kleinlaut zurück. Der Gesang wurde schwächer und leiriger, wir legten uns ins Stroh, um noch ein paar Stunden zu schlafen. Ich wurde wach, weil jemand über mich stolperte und mich von oben bis unten bekotzte. Ich war so rasend vor Wut, daß ich ihn gegen die Wand stieß und versuchte, ihm seine Uniform vom Leib zu reißen, um sie mir anzueignen. Er wehrte sich erfolgreich, indem er wieder zu kotzen begann und nun genauso besudelt war wie ich. Schlotternd vor Kälte und Übelkeit stand ich in der Morgendämmerung an der Hofpumpe und wusch mit dem eisigen Wasser meine Uniform aus. Geweckt von dem Quietschen des Pumpenschwengels, kamen ein paar bleiche Gestalten aus der Scheune heraus. Na gut, wir wollten sowieso zur Bahnstation. Ich zog meine nasse Uniform an. Wir zerschlugen unsere Karabiner, zerlegten unsere Pistolen und das letzte MG, verstreuten die Einzelteile und machten uns auf den Weg. Der Güterzug aus offenen Waggons, vollgepfercht mit Soldaten, die sich in dauernd anwachsenden Massen um den kleinen Bahnhof zusammendrängten, rollte fast im Schrittempo zu den Amerikanern hinüber. Die letzten zwei Kilometer marschierten wir wieder. Und da vorne standen sie: Menschen aus einer anderen Welt. Sie waren frisch rasiert und gewaschen und ausgeruht, sie trugen gebügelte Uniformen. Die Militärpolizisten mit ihren weißen Lederkoppeln und Schulterriemen kauten auf Kaugummis herum, was besonders herablassend und verächtlich aussah. Wir sahen die ersten Neger und dann Gruppen von KZ-Insassen mit geschorenen Köpfen, in gestreiften Lageranzügen, die uns schweigend anstarrten. Kaum hundert Meter hinter den Militärpolizisten erwarteten uns die amerikanischen Soldaten in Gruppen und begannen uns zu filzen. Ringe, Uhren, alles nahmen sie uns ab. Ein Leutnant, der neben mir ging, wurde aus der Reihe gezogen. Ein GI griff sein Handgelenk und begann seelenruhig seine Uhr abzumachen. Ich nehme an, daß der deutsche Offizier die Situation noch nicht richtig verstanden hatte und mindestens so wie auf seine Uhr auf seine Würde bedacht war. Jedenfalls riß er den Arm empört zurück. Daraufhin wurde er am Kragen gepackt und mit einem wuchtigen Fausthieb ins Gesicht geschlagen. Blutüberströmt und ohne Uhr taumelte er in die Kolonne zurück. Das war die erste Lektion über die Niederlage. Wir waren eine erschöpfte,

graue, zerlumpte Masse, die müde in Richtung Westen marschierte.
Seltsamerweise war die Gruppe, mit der ich zu den Amerikanern geflohen war, schon nach ein paar Stunden völlig auseinandergeraten. Es war so, als hätten wir genug voneinander. Wir zerstreuten uns und tauchten unter in der namenlosen Masse. Ich hatte eigentlich vor zu fliehen und mich auf eigene Faust nach Westen durchzuschlagen. Aber die Furcht vor den ehemaligen KZ-Häftlingen und den vielen Fremdarbeitern, die unseren Weg säumten, hielt mich davon ab. Nach zwei Tagen eines quälend langsamen, immer wieder stockenden Marsches, auf dem uns ab und zu Dorfbewohner etwas zu trinken gaben, wurden wir nahe der heutigen bundesrepublikanischen Grenze bei Waschow auf ein riesiges Feld getrieben, das die GIs mit zwei Reihen ausziehbaren Stacheldrahts umgaben. Nun befanden wir uns in einem improvisierten Gefangenenlager. Es gab keinen Baum, keinen Strauch, keine Strohmiete, nur einen schmalen Graben, aus dem wir mit Kochgeschirren oder mit unseren Mützen oder mit den Händen Wasser schöpften, das schon bald verseucht war.
In diesem Camp erlebte ich die zweite, weit schrecklichere Lektion über die Niederlage. Es hatte seit Beginn der Gefangenschaft noch keine Verpflegung gegeben, und die meisten Gefangenen hatten ihre mitgebrachten Essensvorräte längst aufgegessen und waren elend und verrückt vor Hunger. Außerhalb des Stacheldrahts hockten die amerikanischen Wachen in ihren Jeeps oder standen bei ihren Benzinfeuern. Sie hatten alles, was sie wollten. Einzelne deutsche Gefangene begannen sie anzubetteln. Es waren meist Leute, die kein Englisch konnten und mit Gebärdensprache den Amerikanern klarzumachen versuchten, daß sie Hunger hatten oder eine Zigarette wollten. Meistens wurden sie übersehen, manchmal flog etwas über den Stacheldraht und zwei, drei Gefangene stürzten sich darauf. Ich sah es voller Verachtung

und Empörung, hielt es aber für Ausnahmen. Doch dann fuhren die Amerikaner mit ihren Jeeps in das Camp hinein, luden einige Säcke mit Lebensmitteln ab, fischten aus der herandrängenden Menge einige Unteroffiziere und Offiziere heran und überließen ihnen die Verteilung.

Die Aufgabe war schwierig. Man wußte nicht, wie viele Gefangene im Camp waren und wie man diese Säcke mit Haferflocken, Zucker, Milchpulver und Maismehl verteilen sollte. Die Gefangenen merkten die Unsicherheit und drängten sich enger an die kleine Gruppe in ihrer Mitte heran. Man versuchte, sie antreten zu lassen, um durchzuzählen. Aber die Reihen gerieten durcheinander, weil die hinteren nach vorne drängten. Der linke und der rechte Flügel schwenkten auf die Mitte zu. Schlägereien begannen. Die Offiziere und Unteroffiziere stellten sich dem Gedränge entgegen, stießen die Leute zurück, wurden selbst angegriffen. Plötzlich gab es kein Halten mehr. Die Masse stürzte sich in einem wilden, verzweifelten Tumult auf die Lebensmittelsäcke, zerrte daran, kämpfte darum und trampelte alles in den nassen Boden. Und auch ich war darunter und kämpfte um ein paar Handvoll Haferflokken, vermischt mit Erde, die ich mir in die Tasche stopfte.

Wir blieben zwei Wochen auf diesem Feld. Immer mehr Gefangene wurden in das Camp getrieben. Aber die Amerikaner überwachten jetzt die Verteilung der Lebensmittel und sorgten dafür, daß ein Latrinengraben ausgehoben wurde, fuhren Strohballen ins Camp. Inzwischen litten fast alle Gefangenen an schweren Durchfällen. Ich war davon so schwach, daß mir alles vor den Augen kreiste und ich mich sofort hinlegen mußte, wenn ich von der Latrine kam. Und wie der Körper eines kranken Tieres von Parasiten befallen wird, so breitete sich im Camp eine fürchterliche Läuseplage aus. Schamhaare und Achselhaare waren grau von Filzläusen. Das Kopfhaar wimmelte von den größeren Kopfläusen, die sich rasch über den ganzen Körper ausbreiteten. Sie saßen

reihenweise in jeder Naht der Uniform und überall in den lockeren Maschen des Hemdes, das von den zahllosen Blutpunkten zerquetschter Läuse gemustert war.
Nervöse Apathie des Kratzens und Läuseknackens, in der die Stunden vergingen, während man auf Verpflegung wartete und benommen vor Hunger und Schwäche verschwommenen Wunschträumen und Erinnerungen nachhing. An eine dieser Phantasien erinnere ich mich, denn sie war weit verbreitet und wurde auch besprochen. Zu welchen Bedingungen war man bereit, einen lebenslänglichen Arbeitsvertrag abzuschließen? Die meisten sagten: genug zu essen, ein warmes Zimmer mit einem Bett, und eine Frau. Die Raucher wünschten sich noch fünf bis zehn Zigaretten am Tage dazu. So weit waren die Hoffnungen geschrumpft, daß dies die Vorstellung von einem lebenswerten Leben war. Es kam uns utopisch vor. Dieses Vegetieren auf dem freien Feld war der Maßstab des Lebens geworden. In den kleinen Taschenkalender, den mir mein Vater mitgegeben hatte, trug ich nur noch die Worte »Hunger, Läuse, Ruhr« ein. Aber obwohl es Tote im Camp gab, Ruhr war es Gott sei Dank nicht.
Ohne Ankündigung und Erklärung wurden wir eines Morgens, getrennt nach Offizieren und Mannschaften, in Marsch gesetzt und am Nachmittag in einen Güterzug verladen. Wurden wir an die Russen ausgeliefert? Ging es ab nach Sibirien? Ich fühlte mich am Ende meiner Kräfte und dachte, daß ich das nicht mehr überleben würde. Aber dann merkten wir, daß der Zug nach Norden rollte. Wir kamen zu den Engländern nach Schleswig-Holstein in eine Internierungszone nordöstlich von Eutin, eine große Halbinsel, die nach drei Seiten von der Ostsee begrenzt wird. Hier lebten wir in Scheunen und Kuhställen, und zur Läuseplage kam die Fliegenplage. Doch wenigstens lagen wir nicht mehr im Freien und konnten tagsüber im Dorf und seiner Umgebung herumgehen, was sich für die Bevölkerung wie ein Belagerungszu-

stand auswirkte. Die Bauern hatten zwar reichlich zu essen, aber nicht genug, um den Hunger der vielen herumlungernden Soldaten zu stillen. So schlossen sie sich vor uns in ihre Häuser ein und stellten nur manchmal zur Beschwichtigung ein paar Kartoffeln oder etwas Milch vor die Tür. Hier in der Gegend gab es aber auch die großen Entlassungslager, und nach weiteren zwei Wochen des Wartens wurden wir dorthin in Marsch gesetzt.

Man muß sich die Abmusterung einer großen Armee als einen schwierigen Prozeß vorstellen, ein umständliches Hin und Her von Menschenmassen, die durch einen engen Filter gepreßt werden. Man kommt aus den Warteräumen in ein Zusammenstellungslager, dann in ein Auffanglager. In jedem dieser Lager kann man mehrere Tage bleiben, ohne daß man weiß, wann und wohin es weitergeht. Es waren aber keine richtigen Lager, sondern nur abgesperrte Plätze. Das eine befand sich zwischen den Erdwällen eines großen alten Schießstandes, das andere in einem Waldstück. Dick überpudert mit DDT, waren wir endlich unsere Läuse los. Doch sonst fehlte es an allem. Zwei Tage lang gab es keine Verpflegung. Im Wald waren zusammengeknöpfte Zeltplanen zwischen den Bäumen ausgespannt, unter denen sich die Gefangenen zusammendrängten. Es regnete die ganze Nacht, und die vielen Stiefel verwandelten den Waldboden in einen Morast. Es war unmöglich, sich zu setzen. Mit schmerzendem Rücken lehnte man an Baumstämmen, trampelte auf der Stelle, ging frierend hin und her. Endlich am Morgen gab es eine warme Suppe, Tee und Zwieback. Wir marschierten nach Eutin.

Gegen Mittag stehe ich auf einem Kasernenhof in einer von mehreren, schrittweise vorrückenden Menschenschlangen, an deren Ende, jeweils in einem überdachten Kontrollstand, ein britischer Offizier sitzt, der entscheidet, wer entlassen wird und wer nicht. Pause. Unserer geht weg. Zum Mittagessen? Warten, warten, auf der Stelle stehen, – ich habe das nie gut gekonnt. Inzwischen ist ein anderer gekommen, und bald bin ich an der Reihe. Endlich stehe ich vor ihm, in militärischer Haltung, wie angeordnet, übergebe ihm mein Soldbuch, nenne ihm meinen Namen, meinen Dienstrang und meine Einheit. Er blättert in den Seiten, sieht mich an und läßt mich meine Angaben wiederholen. Der Mann spricht fließend deutsch. Wahrscheinlich ist es einer der Emigranten, die ich vor meiner Einberufung manchmal heimlich in BBC-London gehört habe. Mit ihren ironischen Kommentaren zu deutschen Rückzügen hatten sie mir schon damals Zweifel am deutschen Sieg eingeredet. Nun haben sie recht behalten. Der hier muß einer von ihnen sein. Er ist mir nicht geheuer. Während ich meine Angaben wiederhole, betrachtet er mich. Ich habe genug Erfahrung mit militärischen Vorgesetzten, um zu wissen, daß er mir gleich beweisen wird, wer hier der Chef ist. »Können Sie lesen?« fragt er mich. Das ist der Ton, den ich erwartet habe. Ich sage »Jawohl«. Jetzt begreife ich, worum es geht. Ich habe ihm, weil ich das für richtig hielt, den Namen meiner ursprünglichen Einheit, des Begleitregiments Hermann Göring, genannt. Ich wollte nichts vertuschen. Der Name klang ja sowieso viel verfänglicher als der aufgebauschte Name »Fallschirm-Panzerdivision Hermann Göring«, den der zusammengewürfelte Haufen trug, dem ich zuletzt angehört habe. Das ist anscheinend ein Fehler gewesen. Doch wenn ich glaubwürdig bleiben will, kann ich mir jetzt nicht widersprechen. Also sage ich zum dritten Mal den ersten Namen. Jetzt sehe ich, wie ihm die Wut ins Gesicht steigt. »Was steht hier?« schreit er mich an und zeigt auf die zweite Eintragung. Ich versuche, ihm zu erklären, daß dies nicht meine Einheit sei, sondern eine zusammengekehrte Truppe der letzten Stunde, die weder mit Fallschirmjägern noch mit Panzern etwas zu tun gehabt hat. Er schneidet mir das Wort ab. »Sie können nicht nach Hause. Sie müssen erst

lernen, die Wahrheit zu sagen.« Er winkt zwei bereitstehende englische Soldaten heran, die mich rechts und links an den Armen packen und in eine leere Garage abführen.
Ich werde von oben bis unten durchsucht, muß sogar die Schuhe ausziehen. Sie finden nur das kleine Notizbuch, das sie mir nach kurzem Blättern zurückgeben. Ohne ein Wort werde ich von den beiden auf den Hof geführt, wo ich in einiger Entfernung die Gefangenen sehe, die die Kontrolle glücklich passiert haben. Sie werden in ein paar Tagen zu Hause sein. Ich dagegen soll erst lernen, die Wahrheit zu sagen, vielleicht in einem Bergwerk oder anderswo. Innerlich konnte ich nicht dagegen protestieren. Das mußte ja passieren. Ich hatte es erwartet. Die ganzen Greuel der Nazizeit mit ihren Deportationen und Massenmorden standen mir zwar noch nicht vor Augen, aber ich wußte, daß der Krieg grausam gewesen war, und ich hatte genügend Geschichtsbücher gelesen, um mir keine Illusionen über die Rolle von Besiegten zu machen. Dies war nun meine dritte Lektion über die Niederlage. Doch obwohl ich sie eigentlich schon kannte, fühlte ich mich elend.
Meine beiden Bewacher, übrigens kaum älter als ich, brachten mich in ein großes Gebäude, und während sie bisher nur energisch mit mir umgegangen waren, stießen und zerrten sie mich auf einmal ziemlich ruppig die Kellertreppe hinunter. Das war wohl eine Anpassung an das laute Gebrüll eines englischen Korporals, der unten im Kellergang mit einem kurzen Knüppel auf einen Gefangenen eindrosch, der mit abgekehrtem Gesicht und erhobenen Händen an einer Wand stand. Ich wurde in einen Kellerraum geschoben, in dem lauter deutsche Soldaten auf dem Betonboden saßen. Das waren Leute von der Waffen-SS, den Fallschirmjägern und von irgendwelchen anderen Einheiten mit Ärmelstreifen. Neben mir saß jemand, der auf etwas herumkaute und mühsam schluckte. Es waren die ersten Seiten seines Soldbuches.

Den Rest des Tages und die folgende Nacht verbrachten wir in dem Keller. Man konnte hören, daß sich die Nebenräume füllten. Wenn wir miteinander flüsterten, schrien uns die Wachtposten im Kellergang an, wir sollten den Mund halten. Aber da hier keiner den anderen kannte, gab es sowieso nichts zu sagen, und das Klügste war es, die Flucht in den Schlaf zu versuchen.

Am nächsten Morgen wurden wir wieder sortiert. Die eindeutigen Fälle waren die SS-Leute, denn sie hatten an der Innenseite des Oberarms ihre Blutgruppe eingebrannt. Die uneindeutigen Fälle, unter anderem ich, wurden zu einer besonderen Kontrollstelle in Marsch gesetzt. Unterwegs gelang es mir, mein Soldbuch und meine Erkennungsmarke in einen Wassergraben zu werfen. Sie verschwanden unter der Entengrütze. Dann machte ich mich daran, unauffällig mit dem Fingernagel meine Ärmelstreifen abzutrennen. Das war fast unmöglich. Jemand, der einen kleinen Nagelreiniger durch die Kontrollen gerettet hatte, gab mir das Instrument, und nun ging es besser. Natürlich war jetzt auf dem Stoff ein hellerer Streifen zu sehen, aber ich wollte mich auf den Standpunkt stellen, daß dies nicht meine Uniformjacke sei, und begann mir eine Geschichte auszudenken, wie ich meine eigene Jacke verloren hatte und an diese Jacke gekommen war. Anstatt zu lernen, die Wahrheit zu sagen, machte ich schnelle Fortschritte mit dem Gegenteil.

Zu meiner Überraschung arbeiteten in der Kontrollstelle in Kasseedorf Engländer und Deutsche zusammen. Ich wußte nicht, was ich davon halten sollte, und fühlte mich unsicher. Vielleicht war es ein Fehler gewesen, das Soldbuch wegzuwerfen. Ich hatte mir ausgedacht, zu einem Infanterieregiment zu gehören, das in Landsberg an der Warthe seine Garnison gehabt hatte. Das lag nun weit weg im Machtbereich der Roten Armee und ließ sich wohl kaum noch überprüfen. Ich nannte auch ziemlich hohe Regiments- und Divisionsnummern, die ich ebenfalls erfunden hatte, und beförderte meinen früheren Kompaniechef, den ja wohl hier niemand kannte, zum Divisionskommandeur. Die Engländer notierten es, gaben es einem deutschen Hauptmann zur Überprüfung. Ich wußte, daß er mir nicht glaubte, aber ich stand einem Menschen gegenüber, der betroffen schien von dem Elend, das er täglich zu sehen bekam. Und weil die Engländer abgelenkt schienen und mich vermutlich auch nicht verstehen konnten, setzte ich alles auf eine Karte und sagte: »Herr Hauptmann, bitte, stellen Sie mir einen Ausweis aus. Meine Mutter ist gestorben und mein Vater ist in Kurland vermißt, und ich muß mich um meinen kleinen Bruder kümmern, der irgendwo in Westdeutschland ist.« Das mit meinem Vater war gelogen – ich wußte nichts über ihn –, das übrige stimmte. Vermutlich glaubte mir der Hauptmann die ganze Geschichte nicht, aber er glaubte wohl dem, was er sah: – einen zerlumpten, abgemagerten, in die Enge getriebenen jungen Menschen, der ihn um Hilfe bat. Ich bekam meinen Ausweis.

Mit dem Papier in der Tasche machte ich die ganze Entlassungsprozedur noch einmal durch. Der Hauptmann hatte nicht alle meine Angaben übernommen, sondern die Nummern der Truppenteile weggelassen. Er wollte sich wohl damit schützen. Aber auch ich verstand, daß das besser war. Wer zu ausführlich lügt, kann leicht entlarvt werden. Es war besser, sich dumm zu stellen und so zu tun, als hätte man alles vergessen. Das brachte mir in der letzten Kontrollinstanz, die wieder von Engländern und Deutschen gemeinsam besetzt war, den Hohn eines Feldwebels ein, der mir nicht glauben wollte, daß ich auf einer höheren Schule gewesen sei, so blöd wie ich mich anstellte. Aber das ertrug ich und kam durch. Nach vier Tagen Transport mit vielen Unterbrechungen in Lagern und Kasernen sprang ich in der Lindenstraße in Grevenbroich am Niederrhein, wo ich meine ganze Schulzeit verbracht hatte, von der Ladefläche eines Lastwagens und stand vor der wilhelminischen Backsteinfassade des alten Landratsamtes, die mir wie eine pure Fata Morgana erschien. Unübersehbar real war dann das, was ich sah, als ich in unsere Straße einbog. Von den sechs Häusern waren drei völlig zerstört, drei beschädigt. Eins davon, dessen Vorderfront und Dach ziemlich schlimm aussahen, war mein Elternhaus. Der Zufall hatte sich hier einen höchst sinnvollen Witz erlaubt, denn eine kleinere Sprengbombe oder eine Granate hatte die Vorgartenmauer getroffen genau an der Stelle, wo der Fahnenmast gestanden hatte, an dem mein Vater und ich in den dreißiger Jahren an nationalen Feiertagen die Naziflagge gehißt hatten.

Im Haus wohnten fremde Leute. Sie nahmen mich sofort auf und gaben mir zu essen. Sie waren noch nicht lange hier und wollten bei nächster Gelegenheit in ihren Heimatort zurück. Zwischendurch mußten andere Leute im Haus gewesen sein. Ich fand jedenfalls nichts mehr von meinen Sachen und mußte vorerst die zerlumpte Uniform anbehalten. Damals war das Land in kleine Sperrbezirke eingeteilt, die man nicht verlassen durfte. So konnte ich mich nicht auf die Suche nach meinem Bruder begeben, der in der Nähe des Siebengebirges in einem Internat gelebt hatte. Auch mein Vater konnte nicht nach Hause kommen. Er tauchte erst Wochen später auf, um zu erkunden, ob das Haus noch stand und er mit seiner neuen Frau, einer Kriegswitwe mit zwei kleinen Kindern, hinein konnte. Ich erfuhr, daß er das Kriegsende wesentlich eleganter überstanden hatte als ich. Denn er hatte einen um ein halbes Jahr vordatierten Entlassungsschein in der Tasche, den ihm der befreundete Stabsarzt, der mir sechs Tage Zusatzurlaub verschafft hatte, ausgestellt hatte. Als die Amerikaner kamen, brauchte er nur die Uniform auszuziehen und in die Zivilkleidung zu schlüpfen, die im Schrank seiner neuen Frau für ihn bereit hing. So ersparte er sich die Gefangenschaft.

Ich bekam, zusammen mit den Lebensmittelkarten, einen Arbeitsplatz bei einem Dachdecker. Und zwar mußte ich an einer primitiven, mit Körperkraft betriebenen Maschine im Akkord Aluminiumbleche falzen, mit denen die zerstörten Dächer geflickt wurden. Ich war zufrieden damit und brachte es, nachdem ich mich erholt hatte, auf beträchtliche Stückzahlen. Ich weiß nicht, weshalb ich wie ein Verrückter schuftete. Es war wohl einfach nur Begeisterung darüber, daß ich am Leben war.
Zwei kleine groteske Episoden sind mir aus diesen ersten Wochen noch im Gedächtnis geblieben. Einmal begegnete ich auf der Straße unerwartet einem meiner früheren Lehrer, den ich früher oft in SA-Uniform gesehen hatte, und wie in einem nachzuckenden Automatismus sagte ich »Heil Hitler« zu ihm. Wir schauten uns verlegen an. »Das ist vorbei«, sagte er, und wir gingen auseinander. Ich fühlte mich lächerlich und beschämt. Das sollte mir nicht noch einmal passieren.
Aber auch mit anderen Koventionen haperte es. Damals, als viele Familien auseinandergerissen waren, bildeten sich allerhand Notgemeinschaften, unter anderem die Mittagstische. Man gab dort einen Teil seiner Lebensmittelkarten ab und konnte an den gemeinsamen Mahlzeiten teilnehmen. Ich bekam Zugang zu einem solchen Mittagstisch, der von einer Kriegswitwe betrieben wurde, die ich flüchtig kannte. Als ich dort zum erstenmal, immer noch in meiner Uniform, auftauchte, stand ich zu meiner Überraschung mehreren adrett gekleideten Herren gegenüber, die sich in einem sommerlichen Garten im Schatten eines Baumes um einen weiß gedeckten Tisch versammelt hatten. Die Herren, auch Kriegsteilnehmer, hatten im Gegensatz zu mir gefüllte Kleiderschränke vorgefunden und sahen »friedensmäßig« aus, wie man damals mit einer neuen Wortprägung, die von »feldmarschmäßig« oder »kriegsmäßig« abgeleitet war, zu sagen begann. Das Essen war allerdings noch nicht friedens-

mäßig. Es gab Brotsuppe, verschönert mit einem Klacks aus dem bräunlichen Sirup der Zuckerrübe, dem wichtigsten landwirtschaftlichen Produkt der Gegend. Ich kam als Letzter und stellte mich der versammelten Tischgesellschaft vor. Man begrüßte sich mit Händedruck. Der mir gegenüber stehende Mann beugte sich dabei vor, und seine Krawatte senkte sich sanft auf den Sirup herab. Vorsicht, rief jemand. Der Mann richtete sich auf, und die klebrige Krawatte klatschte gegen seine weiße Hemdbrust. Peinlich, peinlich. Wir lächelten verlegen. Mit Krawatten konnten wir noch nicht wieder umgehen. Das kam erst später.

Ryszard Kapuściński

Gedächtnisübungen

Der totale Krieg hat tausend Fronten, in einem solchen Krieg befindet sich jeder an der Front, auch wenn er nie im Schützengraben lag und keinen einzigen Schuß abfeuerte.

Wenn ich mir heute jene Jahre ins Gedächtnis rufe, stelle ich nicht ohne Verwunderung fest, daß ich mich besser an den Beginn des Krieges als an sein Ende erinnern kann. Der Anfang ist für mich deutlich in Raum und Zeit eingebettet, und es macht mir keinerlei Mühe, sein Bild zu rekonstruieren, denn dieses hat sich all sein Kolorit und seine emotionelle Intensität bewahrt. Es beginnt damit, daß ich eines Tages plötzlich am klaren, blauen Himmel (und der Himmel im September 1939 war von einem wunderbaren Azurblau, von keiner einzigen Wolke getrübt) zwölf silbern schimmernde Punkte entdecke, die hoch oben schweben. Die helle Kuppel des Himmels füllt sich mit monotonem, mir bis dahin unbekanntem Dröhnen. Ich bin sieben Jahre alt, stehe auf einer Wiese und schaue zu den Punkten hinauf, die sich kaum über den Himmel zu bewegen scheinen. Da ertönt ganz in der Nähe, vor dem Wald, ein schreckliches Krachen, ich höre, wie die Bomben mit infernalischem Lärm explodieren (daß es sich um Bomben handelt, werde ich erst später erfahren, in diesem Moment habe ich noch keine Ahnung, daß es so etwas wie Bomben überhaupt gibt, dieser Begriff ist mir, einem Kind der tiefsten Provinz, das weder Radio noch Kino gesehen hat, nicht schreiben und nicht lesen kann und auch keinerlei Kenntnis hat von Krieg und todbringenden Waffen, unbekannt), und ich sehe, wie gigantische Erdfontänen hochgeworfen werden. Ich möchte hinlaufen zu diesem ungewöhnlichen Schauspiel, das mich anzieht und fasziniert, denn ich weiß noch nichts vom Krieg und bin nicht imstande, Ursache und Wirkung jener silbern glänzenden Flugzeuge, der krachenden Bomben und der Erdfahnen, die bis zu den Baumwipfeln hinauflodern, mit dem drohenden Tod in Verbindung zu bringen. Ich laufe also in Richtung des Waldes, auf die fallenden und explodierenden Bomben zu, doch da packt mich eine Hand von hinten an der Schulter und wirft mich zu Boden. Leg dich hin, höre ich die bebende Stimme der Mutter, rühr dich nicht. Und ich erinnere mich, wie die Mutter mich an sich preßt und etwas sagt, von dessen Existenz ich nichts weiß, dessen Sinn mir verborgen bleibt, worüber ich sie später befragen möchte; sie sagt: *Dort ist der Tod.*

Es ist Nacht, und ich möchte schlafen, aber das darf ich nicht; wir müssen gehen, wir müssen fliehen. Wohin wir fliehen, weiß ich nicht, aber ich begreife, daß die Flucht plötzlich zur höheren Notwendigkeit geworden ist, zu einer neuen Form des Lebens, denn alle flüchten, alle Straßen, Wege und selbst die kleinsten Fußpfade sind verstopft mit Fuhrwerken, Leiterwagen und Fahrrädern, übersät mit Bündeln, Koffern und Eimern, überschwemmt mit verschreckten, ratlos herumirrenden Menschen. Die einen flüchten nach Osten, die anderen nach Westen, nach Norden, nach Süden, sie ergreifen in alle Himmelsrichtungen die Flucht, bewegen sich im Kreise, rennen durcheinander, fallen erschöpft neben der Straße nieder und versinken in Schlaf, um nach kurzem Verschnaufen den letzten Rest der Kräfte zu sammeln und neuerlich die ziellose Wanderung aufzunehmen. Auf der Flucht muß ich meine jüngere Schwester fest bei der Hand nehmen, wir dürfen einander nicht verlieren, schärft uns die Mutter ein, aber auch ohne ihre Ermahnung spüre ich, daß die Welt mit einem Mal bedrohlich, fremd und böse geworden ist und man sich in Acht nehmen muß. Ich stapfe mit der Schwester neben dem Fuhrwerk her, einem einfachen hölzernen Leiterwagen, der mit Heu ausgelegt ist, und hoch oben auf dem Heu, auf einer leinenen Plache, liegt mein Großvater. Er liegt still und

kann sich nicht rühren, denn er ist gelähmt. Wenn ein Fliegerangriff beginnt, bringt sich die geduldig dahinziehende, aber nun schlagartig von Panik erfaßte Schar von Flüchtlingen im Straßengraben in Sicherheit, versteckt sich in Büschen, sucht in Kartoffeläckern Deckung. Auf der leergefegten, wie ausgestorbenen Straße bleibt allein das Fuhrwerk zurück, auf dem mein Großvater sich befindet. Der Großvater sieht, wie die Flugzeuge auf ihn zukommen, er sieht, wie sie plötzlich niederstürzen, wie sie das auf der Straße zurückgelassene Gefährt aufs Korn nehmen, er sieht das Feuer der Bordwaffen und hört das Dröhnen der Maschinen, die über ihn wegdonnern. Wenn die Flugzeuge in der Ferne verschwinden, laufen wir zum Fuhrwerk zurück, und die Mutter wischt dem Großvater den Schweiß vom Gesicht. Manchmal gibt es mehrere Luftangriffe an einem Tag. Nach jedem Angriff ist das hagere, erschöpfte Gesicht des Großvaters schweißüberströmt.
Die Landschaft, die wir durchqueren, wird immer düsterer. Fern am Horizont stehen Rauchsäulen. Wir passieren verlassene Ortschaften und einsam liegende, niedergebrannte Gehöfte. Wir kommen an Schlachtfeldern vorbei, die übersät sind mit zurückgelassenem Kriegsgerät, an ausgebombten Bahnstationen, umgestürzten Automobilen. In der Luft hängt der Geruch von Pulver, von Brand, von verwesendem Fleisch. Immer wieder stoßen wir auf die Kadaver von Pferden. Das Pferd – ein großes, wehrloses Tier, kann sich nicht verstecken, es bleibt reglos stehen, wenn die Bomben fallen, und wartet auf den Tod. Auf Schritt und Tritt tote Pferde, hier direkt auf der Fahrbahn, dort neben der Straße im Graben, dann wieder etwas weiter weg im Feld. Sie liegen da mit steif in den Himmel gereckten Beinen und drohen mit ihren Hufen der Welt. Nirgends sehe ich getötete Menschen, denn diese werden sogleich begraben, nur überall die Kadaver von Pferden, Rappen, Braunen, Schecken, Füchsen, ganz so, als wäre dies nicht ein Krieg der Menschen, sondern der Pferde,

als führten diese untereinander einen Kampf auf Leben und Tod, als zählten sie zu den einzigen Opfern des Krieges.
Ein harter, eiskalter Winter bricht an. Wenn es uns schlecht geht, leiden wir umso mehr an der Kälte unserer Umgebung, empfinden wir den Frost umso durchdringender; für Menschen, die unter normalen Bedingungen leben, ist der Winter kaum mehr als eine der Jahreszeiten, bedeutet er nichts anderes als das Warten auf den Frühling, aber für die Armen und Unglücklichen ist er eine schreckliche Plage, eine Katastrophe. Dieser erste Kriegswinter war aber wirklich empfindlich kalt. Die Öfen in unserer Stube sind eisig, die Wände bedeckt mit weißem, pelzigem Reif. Wir können nicht heizen, denn es gibt kein Brennmaterial zu kaufen, und Diebstahl wird strengstens geahndet. Auf den Diebstahl von Kohle steht der Tod, auf den Diebstahl von Holz ebenfalls. Das menschliche Leben ist in diesen Zeiten nicht viel wert, gerade so viel wie ein Brocken Kohle, so viel wie ein Scheit Holz. Wir haben nichts zu essen. Die Mutter steht stundenlang am Fenster, ich sehe ihre reglose Miene vor mir. In vielen Fenstern sieht man Menschen stehen und auf die Straße starren, offenbar rechnen sie mit etwas, erwarten etwas. Mit einer Bande Buben treibe ich mich in den Hinterhöfen herum, ein wenig zum Spiel, ein wenig auf der Suche nach etwas Eßbarem. Manchmal dringt durch eine Tür der Duft von kochender Suppe. Dann steckt einer meiner Freunde, er heißt Waldek, seine Nase in diesen Türspalt und beginnt den Duft eilig und fieberhaft einzuatmen, wobei er sich genießerisch über den Bauch streicht, als säße er an einer üppig gedeckten Tafel. Eines Tages bringen wir in Erfahrung, daß im Geschäft am Ringplatz Bonbons ausgegeben werden sollen. Sofort stellen wir uns an – eine lange Schlange frierender, hungriger Kinder. Es wird Nachmittag, die Dämmerung bricht herein. Wir stehen den ganzen Abend in klirrender Kälte, die ganze Nacht und noch den nächsten Tag. Wir stehen und drängen uns dicht aneinander,

umklammern einander, um uns ein wenig zu wärmen, damit wir nicht erfrieren. Endlich wird der Laden geöffnet, aber statt der Bonbons erhält jeder von uns eine leere Blechdose, in der einmal Fruchtdrops gewesen sind (was mit den Bonbons geschehen ist, wer diese genommen hat, weiß ich nicht). Schwach und steifgefroren, aber in diesem Moment ungeheuer glücklich, trage ich meine Beute nach Hause – sie stellt einen großen Wert dar, denn an den Innenwänden der Büchse klebt noch etwas Zuckerstaub. Meine Mutter macht Wasser heiß und gießt es in die Dose – das ergibt ein wärmendes, süßliches Getränk: unsere erste Nahrung seit ein paar Tagen. Dann machen wir uns neuerlich auf den Weg, wir verlassen die Region Polesie, unser kleines Städtchen Pińsk, und fahren nach Westen, denn dort, so sagt die Mutter, in einem Dorf in der Nähe von Warschau, befindet sich unser Vater. Der Vater war an der Front, dann geriet er in Gefangenschaft, aus der er entfloh, und nun unterrichtet er Kinder in einer Dorfschule. Wenn wir jetzt, die wir während des Krieges Kinder waren, an jene Zeit denken und das Wort Vater oder Mutter aussprechen, läßt uns die Achtung vor diesem Wort ganz vergessen, daß unsere Mütter junge Frauen waren und unsere Väter junge Männer und daß sie einander begehrten, großes Verlangen für einander empfanden, zusammen sein wollten. Auch meine Mutter war damals noch eine junge Frau, und sie verkaufte alles, was sie im Haus besaß, mietete ein Fuhrwerk und machte sich mit uns auf, den Vater zu suchen. Wir fanden ihn durch einen Zufall. Als wir durch ein Dorf kamen, rief die Mutter plötzlich einem des Weges kommenden Mann zu: Dziudek! Das war mein Vater. Von nun an wohnten wir gemeinsam in einer kleinen Kammer ohne Licht und Wasser. Wenn es dunkel wurde, gingen wir schlafen, denn wir besaßen nicht einmal eine Kerze. Der Hunger hatte uns von Pińsk bis hierher begleitet, und ich war ständig auf der Suche nach etwas Eßbarem, einer Brotrinde, einer Karotte, egal was. Eines Tages sagte mein Vater, der sich nicht mehr anders zu helfen wußte, in seiner Klasse: Kinder, wer morgen die Schule besuchen möchte, muß eine Kartoffel mitbringen. Der Vater verstand sich nicht aufs Handeln, daher sah er die einzige Rettung darin, die Schüler um ein paar Kartoffeln zu bitten. Manche Kinder brachten eine halbe, ja, nur eine Viertel Kartoffel. Eine ganze Kartoffel war damals ein ungeheurer Schatz.

Neben meinem Dorf ist ein Wald, und in diesem Wald, in der Nähe einer kleinen Siedlung namens Palmiry, eine Lichtung. Auf dieser Lichtung führt die SS die Exekutionen durch. Anfangs werden die Menschen nur nachts erschossen, die dumpfen, in regelmäßigen Abständen aufeinander folgenden Salven reißen uns aus dem Schlaf. Später erfolgen sie auch bei Tag. Die Verurteilten werden in geschlossenen dunkelgrünen Kastenwagen gebracht, und am Ende der Kolonne fährt in einem Lastkraftwagen das Erschießungskommando. Die Männer des Kommandos tragen immer lange Mäntel, man könnte glauben, der lange, mit einem Gürtel zusammengehaltene Mantel stellte ein unverzichtbares Requisit des Mordrituals dar. Wenn eine solche Kolonne vorbeikommt, folgen wir, die Dorfkinder, ihr, wobei wir uns im Gebüsch am Wegrand verbergen. In wenigen Augenblicken beginnt in der Deckung der Bäume etwas, das wir Kinder nicht mitansehen dürfen. Ich spüre, wie mich ein eiskalter Schauer überläuft, wie ich am ganzen Leib zittere. Mit angehaltenem Atem warten wir auf das Krachen der Salve. Da ist es. Dann sind einzelne Schüsse zu hören. Nach einer Weile kehrt die Kolonne nach Warschau zurück. Am Ende des Zuges, auf einem Lastkraftwagen, fahren die SS-Männer vom Erschießungskommando. Sie rauchen Zigaretten und unterhalten sich.

Nachts kommen die Partisanen. Ich sehe ihre Gesichter, wie sie mit einem Mal am Fenster erscheinen, sich an die Scheiben pressen. Wenn sie dann an unserem Tisch sitzen, betrachte ich sie und denke immer dasselbe: daß sie vielleicht noch heute ums Leben kommen werden, daß sie gleichsam dem Tod geweiht sind. Natürlich konnten wir alle umkommen, aber sie wichen vor dieser Möglichkeit nicht zurück, boten ihr die Stirn. Einmal kamen sie, wie immer nachts. Es war Herbst, und es regnete. Sie besprachen etwas im Flüsterton mit meiner Mutter (den Vater hatte ich seit Monaten nicht gesehen, ihn sollte ich bis Kriegsende nicht mehr zu Gesicht bekommen – er hielt sich versteckt). Wir mußten uns rasch ankleiden und unsere Stube verlassen: in unserer Gegend wurden die Dörfer umstellt und alle Bewohner in Lager gebracht. Wir flohen nach Warschau, in ein vorbereitetes Versteck. Ich war zum ersten Mal in einer großen Stadt, sah zum ersten Mal eine Tramway, hohe, mehrstöckige Mietshäuser, lange Reihen großer Geschäfte. Wie wir später wieder ins Dorf kamen, weiß ich nicht mehr. Es war dies ein anderes Dorf, am jenseitigen Ufer der Weichsel. Ich erinnere mich nur, daß ich abermals neben einem Fuhrwerk hergehe und höre, wie der Sand des warmen Feldweges durch die hölzernen Radspeichen rinnt.

Während des ganzen Krieges träumte ich von Schuhen. *Schuhe zu besitzen.* Aber wie sollte ich dieses Ziel erreichen? Was tun, um zu Schuhen zu kommen? Im Sommer laufe ich barfuß, und die Haut auf den Fußsohlen ist so hart wie Leder. Zu Beginn des Krieges fertigte mir der Vater ein Paar Schuhe aus Filz, aber mein Vater ist kein Schuster, und das Schuhwerk fällt unförmig aus, außerdem bin ich gewachsen, und es ist längst zu eng. Ich träume von festen, massiven, beschlagenen Schuhen, mit denen man aufs Pflaster treten kann, daß es laut und deutlich widerhallt. Zu jener Zeit waren Schaftstiefel in Mode, die Stiefelschäfte waren ein Symbol der Männlichkeit und Kraft. Ich konnte stundenlang schöne Stiefel betrachten, war verliebt in den Glanz von Leder, verliebt in sein Knarren. Aber es ging nicht nur um die Schönheit eines guten Schuhes, um Bequemlichkeit und Komfort. Ein kräftiger Schuh war ein Symbol für Prestige und Macht, Symbol der Herrschaft, ein schlechter, zerschlissener Schuh ein Zeichen der Erniedrigung, ein Schandmal des Menschen, dem man jegliche Würde genommen, den man zu einer unmenschlichen Existenz verurteilt hatte. Gute Schuhe zu besitzen hieß Macht haben, es bedeutete sogar ganz einfach, *daß man existierte.* Aber in jenen Jahren gingen alle diese ersehnten Schuhe, die mir auf Straßen und Wegen begegneten, gleichgültig an mir vorüber. Ich aber blieb zurück (und glaubte, ich würde nun für immer so bleiben) in meinen klobigen Holzpantinen, die mit wasserfester Leinwand überzogen waren, der ich mit Hilfe irgendeiner Tinktur vergeblich den Anschein von Glanz zu verleihen suchte.

Im Jahre 1944 wurde ich Ministrant. Mein Priester war Kaplan von einem Feldspital. In einem Kiefernwald am linken Ufer der Weichsel standen versteckt lange Reihen getarnter Zelte. Während des Warschauer Aufstandes, und später zur Zeit der Januar-Offensive, herrschte hier ein fieberhaftes, erschöpfendes Treiben. Von der Front, die in der Nähe donnerte und qualmte, kamen in rasender Fahrt Ambulanzwagen. Sie brachten Verwundete, oft ohne Bewußtsein, die eilig und nachlässig, einer über den anderen, in den Wagen geladen worden waren, wie Getreidesäcke (nur, daß aus diesen Säkken Blut hervorquoll). Die Sanitäter, selbst bereits halbtot vor Erschöpfung, hoben die Verletzten aus dem Wagen und legten sie ins Gras, dann nahmen sie einen Gummischlauch und spritzten sie kräftig mit kaltem Wasser ab. Wenn ein Verwundeter ein Lebenszeichen von sich gab, wurde er ins Zelt geschleppt (auf dem Boden vor dem Zelt lag jeden Tag ein frischer Berg amputierter Arme und Beine), wer sich nicht mehr bewegte, wurde zu einer riesigen Grube gebracht, die hinter dem Zelt ausgehoben worden war. Dort, an jenem nicht enden wollenden Grab, stand ich stundenlang mit

dem Priester, sein Brevier und den Kessel mit Weihwasser in Händen. Ich sprach ihm das Totengebet nach. Für jeden einzelnen Gefallenen sagten wir amen, dutzende Male am Tag amen, ständig in Eile, denn irgendwo gleich in der Nähe, hinter dem Wald, war der Tod unermüdlich am Werk. Bis es dann endlich wieder still und leer wurde – die Ambulanzwagen hörten auf zu fahren, die Zelte verschwanden (das Spital wurde nach Westen verlegt), und im Wald blieben nur die Kreuze zurück.
Was war dann? Wenn ich hier nun ein paar Seiten meines Buches über die Kriegsjahre zu Papier bringe (eines Buches, das ich nie geschrieben habe), denke ich nach, wie wohl die letzte Seite, das Ende, der Epilog ausschauen könnte. Was würde dort über das Ende des großen Krieges gesagt werden? Ich glaube, nichts, das heißt nichts endgültig Abschließendes. In einem gewissen, aber wichtigen Sinn ist der Krieg für mich weder im Jahre 1945 noch unmittelbar darauf zu Ende gegangen. Etwas von diesem Krieg dauerte in mancherlei Weise immer noch fort, einiges bis zum heutigen Tag, denn für diejenigen, die ihn überlebt haben, wird dieser Krieg, davon bin ich fest überzeugt, nie endgültig vorbei sein. Bei afrikanischen Stämmen begegnet man dem Glauben, daß ein Mensch erst dann wirklich tot ist, wenn auch der Letzte von denen gestorben ist, die ihn gekannt haben und sich an ihn erinnern können. Das heißt, jemand (oder etwas) hört erst dann wirklich auf zu existieren, wenn alle Träger der Erinnerung an ihn aus der Welt geschieden sind. Mit dem Krieg verhält es sich ähnlich. Diejenigen, die ihn überlebt haben, können sich nie mehr von dieser Erfahrung befreien. Sie bleibt an ihnen wie ein geistiger Buckel haften, wie eine schmerzhafte Geschwulst, die nicht einmal ein geschickter Chirurg, wie die Zeit einer ist, entfernen kann. Hört einmal aufmerksam hin, wenn Leute zusammenkommen, die den Krieg mitgemacht haben. Es ist gleichgültig, worüber sie zu Beginn sprechen.

Sie können tausend verschiedene Themen berühren, am Ende kommt immer dasselbe: Kriegserinnerungen. Selbst unter veränderten, friedlichen Bedingungen werden diese Menschen in Bildern des Krieges denken, sie werden diese an jede neue Wirklichkeit anlegen, mit der sie sich nicht mehr zur Gänze zu identifizieren vermögen, weil diese Wirklichkeit in der Gegenwart wurzelt, sie aber sind verstrickt in die Vergangenheit, kehren ständig zu ihren Erlebnissen zurück und dazu, wie es gelang, diese zu überleben. Ihr ganzes Denken besteht aus einer einzigen, sich zwanghaft wiederholenden Rückbesinnung. Aber was bedeutet das – in den Bildern des Krieges denken? Das heißt, sehen, daß sich alles in unerträglichem Spannungszustand befindet, daß alles Grausamkeit und Schrecken verbreitet. Denn die Wirklichkeit des Krieges ist eine Welt der radikalen manichäischen Reduzierung, die alle weichen, warmen Farbzwischentöne verschwinden läßt und alles auf einen scharfen, aggressiven Gegensatz bringt, auf den Gegensatz zwischen Schwarz und Weiß, die ständige Auseinandersetzung zwischen Gut und Böse. Niemand sonst befindet sich auf dem Schlachtfeld! Nur das Gute – das heißt wir, und das Böse – mit anderen Worten alles, was wir pauschal mit der unheilkündenden Kategorie Feind bezeichnen. Das Bild des Krieges ist getränkt mit der Atmosphäre der Kraft, der physischen, dinglichen, eisenklirrenden, qualmenden, immer wieder explodierenden, ständig jemanden attakkierenden Kraft, die in jeder einzelnen Geste ihren brutalen Ausdruck findet, in jedem Stiefeltritt aufs Pflaster, jedem Kolbenhieb über den Kopf. In diesem Denken wird jeglicher Wert an der Kraft als einzig relevantem Maßstab gemessen – der Kräftige allein ist es, der zählt, sein Recht, sein Schrei, seine Faust. Denn das Ziel besteht nicht darin, Konflikte durch Kompromisse zu lösen, sondern durch die Vernichtung des Gegners. Und all dies geschieht in einem Klima verstärkter Emotion, Exaltation, Wut und Verbissenheit, in

dem wir uns stets betäubt und geschwächt, vor allem aber bedroht fühlen. Wir gehen durch eine Welt voll haßerfüllter Blicke, zusammengekniffener Lippen, Gesten und Stimmen, die uns Schrecken einjagen.
Lange Zeit war ich der Meinung, dies sei die einzige Welt, die Welt schaue so aus, das sei das Leben. Das ist begreiflich: die Kriegsjahre waren für mich die Zeit der Kindheit, später des beginnenden Heranreifens, des ersten Verstehens, des erwachenden Bewußtseins. Daher glaubte ich, nicht der Frieden, sondern der Krieg sei der normale Zustand, ja, der einzig mögliche, die einzige Form der Existenz; ich war überzeugt, das Herumirren, der Hunger und die Angst, die Fliegerangriffe und Feuersbrünste, die Razzien und Exekutionen, die Lügen und der Lärm, die Verachtung und der Haß seien die natürliche und ewige Ordnung der Dinge, machten den Inhalt und Sinn jeglicher Existenz aus. Als daher von einem Tag auf den anderen der Lärm der Geschütze verstummte, das Krachen der Bomben verhallte und Stille eintrat, war ich verblüfft, weil ich diesen Zustand nicht zu deuten vermochte. Ein Erwachsener konnte angesichts dieser Stille wahrscheinlich sagen: »Die Hölle ist zu Ende. Endlich herrscht wieder Frieden.« Ich aber besaß keine Erinnerung an den Frieden, ich war damals noch zu klein gewesen: als der Krieg zu Ende war, hatte ich nur die Hölle kennengelernt.
Die Jahre vergingen, aber der Krieg rief uns unaufhörlich seine Existenz in Erinnerung. Ich lebte weiterhin an einem Ort, der in Trümmern lag, ich kletterte über Berge von Schutt, irrte durch ein Labyrinth von Ruinen. Die Schule, die ich besuchte, hatte keine Fußböden, Fenster und Türen: alles war verbrannt. Wir besaßen weder Hefte noch Bücher. Und ich hatte nach wie vor keine Schuhe: der Krieg als Drangsal, als Entbehrung und Bürde währte immer noch. Ich besaß auch kein Heim. Die Rückkehr von der Front nach Hause ist das wichtigste Symbol für die Beendigung des Krieges. Tutti a

casa! Aber ich konnte nicht nach Hause zurückkehren, denn mein Heim befand sich unversehens im Ausland, jenseits der Grenze. Eines Tages spielten wir nach der Schule im nahen Park Fußball. Ein Kamerad kroch auf der Suche nach dem Ball in ein Gebüsch. Es gab einen furchtbaren Knall, und wir wurden alle zu Boden geworfen: unser Freund hatte durch eine Mine sein Leben verloren, die dort versteckt gelegen hatte. Der Krieg lauerte uns also weiterhin auf, er wollte nicht aufgeben. Seine Opfer schleppten sich auf hölzernen Krükken durch die Straßen, ließen leere Rockärmel im Winde flattern. Wer den Krieg überlebt hatte, dem erschien er in der Nacht, den quälte er mit Alpträumen.

Vor allem aber in unserem Inneren ging der Krieg weiter, weil er fünf Jahre lang die Heranbildung unseres jungen Charakters, unserer Psyche, unserer Mentalität beeinflußt hatte. Weil er versucht hatte, diese zu deformieren und zu zerstören, indem er die schlechtesten Beispiele gab, uns ein unwürdiges Benehmen aufzwang, niedrige Gefühle in uns freisetzte. »Der Krieg«, schrieb damals der polnische Philosoph Bołesaw Miciński, »deformiert nicht nur die Seele der Eroberer, er vergiftet auch durch den Haß, und damit deformiert er auch die Seelen jener, die sich den Eroberern entgegenstellen.« Aus diesem Grunde, fügte er hinzu, »ist mir der Totalitarismus verhaßt, weil er mich nämlich gelehrt hat, zu hassen«. Ja, aus dem Krieg kommen, das bedeutete, sich innerlich zu reinigen, vor allem vom Haß. Aber wie viele von uns haben dies tatsächlich versucht? Und wie vielen ist es gelungen? Jedenfalls war es ein anstrengender und langwieriger Prozeß, der nicht auf einmal gelingen konnte, von einem Tag auf den anderen; die Wunden, die wir aus dieser großen Feuersbrunst davongetragen hatten, die psychischen und moralischen Wunden, saßen ungeheuer tief.

Wenn vom Jahre 1945 die Rede ist:
Als irritierend empfinde ich den Ausdruck, den ich manchmal in diesem Zusammenhang höre: Siegesfreude. Von was für einer Freude kann hier die Rede sein? Es sind doch so viele Menschen ums Leben gekommen! Es sind Millionen Tote begraben worden! Tausende haben Arme und Beine verloren. Ihr Augenlicht und ihr Gehör. Den Verstand. Jeder einzelne Tod ist eine Tragödie. Das Ende jedes Krieges ist traurig: ja, wir haben überlebt, aber um welchen Preis! Der Krieg führt den Beweis, daß der Mensch als denkendes und fühlendes Wesen versagt, daß er sich selbst enttäuscht, daß er eine Niederlage erlitten hat.

Wenn vom Jahre 1945 die Rede ist:
Irgendwann im Sommer eben jenes Jahres brachte eine Tante, die wie durch ein Wunder den Warschauer Aufstand überlebt hatte, ihren Sohn Andrzej, der während des Aufstandes geboren worden war, zu uns ins Dorf. Heute ist er ein vierzigjähriger Mann, und wenn ich ihn betrachte, geht mir durch den Kopf – wie lange das alles her ist! Die wievielte Generation kommt jetzt schon zur Welt, die keine Ahnung davon hat, was der Krieg ist! Und dennoch müssen diejenigen, die ihn überlebt haben, Zeugnis ablegen, sie müssen Zeugnis ablegen im Namen all jener, die neben ihnen, und oft für sie, gefallen sind. Sie müssen Zeugnis ablegen davon, was die Lager waren, die Vernichtung der Juden, die Zerstörung von Warschau und Wrocław. Ob das leicht fällt? Nein, es ist schwierig. Wir, die wir den Krieg überlebt haben, wissen, wie schwer es ist, jenen die Wahrheit zu sagen, denen diese Erfahrungen zum Glück erspart geblieben sind. Wir wissen, wie sehr uns die Sprache, die Worte im Stich lassen. Wie dies alles im Grunde nicht übermittelt werden kann, wie ratlos wir oft sind (in Chicago sagte jemand zu mir: »Er wurde nach Auschwitz gebracht? Aber warum hat er sich das gefallen lassen?

Warum hat er keinen Anwalt genommen?«). Aber trotz dieser Schwierigkeiten und Beschränktheiten, die wir nicht vergessen dürfen, müssen wir sprechen. Denn das Sprechen über diese Dinge trennt nicht, sondern es bringt einander näher, es erlaubt, Fäden des Verständnisses, der Gemeinsamkeit zu knüpfen. Die Toten sind eine Mahnung. Sie haben uns etwas Wichtiges hinterlassen, und es ist nun an uns, die Verantwortung zu übernehmen. Sofern wir dazu imstande sind, sollten wir uns allem entgegenstellen, was neuerliche Kriege heraufbeschwören, Verbrechen hervorbringen, Katastrophen auslösen könnte. Denn wir, die den Krieg überlebt haben, wissen, wie dieser beginnt, was ihn verursacht. Nicht allein Bomben und Raketen, sondern auch, und vielleicht sogar vor allem, Fanatismus und Hochmut, Dummheit und Verachtung, Ignoranz und Haß. Wir wissen, daß er sich von diesen Elementen nährt, auf ihnen und aus ihnen wächst. So wie die Grünen gegen die Vergiftung der Luft durch Abgase kämpfen, müssen wir uns gegen die Vergiftung der zwischenmenschlichen Beziehungen durch Ignoranz und Haß einsetzen.

Wenn vom Jahre 1945 die Rede ist:
denke ich an jene, die nicht mehr waren.

Wenn vom Jahre 1945 die Rede ist:
Entschlafen sind nun wilde Triebe
Mit jedem ungestümen Tun;
Es reget sich die Menschenliebe,
Die Liebe Gottes regt sich nun.
(J.W. Goethe, Faust)

Hoffentlich. Hoffentlich.

Zu den Texten

Heinrich Böll *Brief an meine Söhne oder vier Fahrräder*
Originalbeitrag
Vorabgedruckt in: *Die Zeit*, 15. 3. 1985 (in gekürzter Form)

Alphonse Boudard *Der letzte Tag des Krieges?*
Originalbeitrag
Aus dem Französischen von Theda Krohm-Lincke

Judith Herzberg *Lieder*
Originalbeitrag
Aus dem Niederländischen von Maria Csollány

Stefan Heym *1945*
Originalbeitrag

Georg F. Kennan *Moskau, 10. Mai 1945*
entnommen aus: *Memoiren eines Diplomaten*
Deutscher Taschenbuch Verlag, München 1972
Aus dem Amerikanischen von Heidi von Alten

Lew Kopelew *Tag der Hoffnung.*
Originalbeitrag
Graudenz. Letzter Einsatz
entnommen aus: *Aufbewahren für alle Zeit*
Hoffmann und Campe Verlag, Hamburg 1976
Aus dem Russischen von Heddy Pross-Weerth und Heinz-Dieter Mendel

Sadako Kurihara *1945 – Atombombe, Kapitulation, Besatzung*
Originalbeitrag
Aus dem Japanischen von Siegfried Schaarschmidt

Alan Sillitoe *1945: Betrachtungen eines schicksalhaften Jahres*
Originalbeitrag
Aus dem Englischen von Eike Schönfeld

Dieter Wellershoff *Kriegsende*
entnommen aus: *Die Arbeit des Lebens*
Kiepenheuer & Witsch, Köln 1985

Ryszard Kapuściński *Gedächtnisübungen*
Originalbeitrag
Aus dem Polnischen von Martin Pollack

Die Autoren

Lebensdaten und eine Auswahl der wichtigsten Werke

Heinrich Böll, 1917 in Köln geboren, nach dem Abitur Buchhandelslehre, 1939–45 Soldat, dann Gefangenschaft; nach dem Krieg Student und Hilfsarbeiter in der Tischlerei des Bruders; seit 1950 freier Schriftsteller in Köln; lebte die letzten Jahre in Merten und Langenbroich, wo er am 16. Juli 1985 starb.

1951 Preis der Gruppe 47; 1959 Großer Kunstpreis des Landes Nordrhein-Westfalen; 1960 Prix Veillon; 1961 Literaturpreis der Stadt Köln; 1967 Büchner-Preis; 1972 Nobelpreis für Literatur; 1974 Carl-von-Ossietzky-Medaille; 1970 Präsident des PEN-Zentrums der Bundesrepublik Deutschland; 1971–74 Präsident des internationalen PEN-Clubs.

Werke
Der Zug war pünktlich, Erzählung, 1949; *Wanderer, kommst du nach Spa...*, Erzählung, 1950; *Wo warst du, Adam?* Roman, 1950; *Nicht nur zur Weihnachtszeit*, Erzählung, 1952; *Und sagte kein einziges Wort*, Roman, 1953; *Haus ohne Hüter*, Roman, 1954; *Das Brot der frühen Jahre*, Erzählung, 1955; *Irisches Tagebuch*, Erzählungen, 1957; *Dr. Murkes gesammeltes Schweigen*, Satiren, 1958; *Billard um halb zehn*, Roman, 1959; *Ansichten eines Clowns*, Roman, 1963; *Entfernung von der Truppe*, Erzählung, 1964; *Ende einer Dienstfahrt*, Erzählung, 1966; *Gruppenbild mit Dame*, Roman, 1971; *Die verlorene Ehre der Katharina Blum*, Erzählung, 1974; *Bericht zur Gesinnungslage der Nation*, Satire, 1975; *Werke*, 1977/78; *Fürsorgliche Belagerung*, Roman, 1979; *Du fährst zu oft nach Heidelberg*, Erzählungen, 1979; *Das Vermächtnis*, Erzählung, 1982. *Die Verwundung*, Erzählungen, 1983; *Frauen vor Flußlandschaft*, Roman, 1985.

Alphonse Boudard, 1925 in Paris geboren, machte eine Lehre in einer Schriftgießerei und schloß sich 1943 der Résistance an. Von 1944 bis 1945 war er Soldat. Nach zwei Gefängnisaufenthalten begann er 1962 zu schreiben.

1963 Prix Sainte-Beuve

Werke
La métamorphose des cloports, Roman, 1962; *La cérise,* Roman, 1963; *Bleubite,* 1966 – deutsch: *Piek Sieben,* Roman, 1967; *L'argot sans peine ou la méthode à mimile,* 1970; *L'hôpital,* Roman, 1972; *Cinoche,* Roman, 1974; *Les combattants du petit bonheur,* Roman, 1977; *Le corbillard de Jules,* Roman, 1979; *Le banquet des léopards,* Roman, 1980; *La cave du pauvre,* Roman, 1983.

Judith Herzberg, 1934 in Amsterdam geboren, unterrichtet an der Niederländischen Akademie für Film und Fernsehen.

Werke
Zeepost, Gedichte, 1963; *Beemdgras,* Gedichte, 1968; *Vliegen,* Gedichte, 1970; *Strijklicht,* Gedichte, 1971; *27 Liefdeslijes,* Gedichte, 1971; *Dat het's ochtends ochtend wordt,* Theaterstück, 1974; *Botshol,* Gedichte, 1980; *Leedvermaak,* Theaterstück, 1982; *Dagrest,* Gedichte, 1984; *Zwischen Eiszeiten,* Ausgewählte Gedichte, 1984. Ferner Drehbücher und Übersetzungen.

Stefan Heym, 1913 in Chemnitz geboren, emigrierte 1933 erst in die Tschechoslowakei, dann in die USA. Studium in Chicago. 1937–39 Chefredakteur der Wochenzeitung *Deutsches Volksecho* in New York, 1943 amerikanischer Soldat, nahm an der amerikanischen Invasion als Offizier der Abteilung für psychologische Kriegsführung teil. Mitbegründer der *Neuen Zeitung* in München, wegen prokommunistischer Haltung in die USA zurückversetzt. Seit 1953 freier Schriftsteller in der DDR.

1953 Heinrich-Mann-Preis 1. Klasse der Deutschen Akademie der Künste; 1956 Literaturpreis 1. Klasse des F.D.G.B.; 1956 Franz-Mehring-Medaille; 1959 Nationalpreis.

Werke
Der Fall Glasenapp, Roman, 1948 (am. 1941); *Kreuzfahrer von heute*, 1950 (am. 1948); *Die Kannibalen und andere Erzählungen*, 1953; *Die Augen der Vernunft*, Roman, 1955 (am. 1951); *Goldsborough*, Roman, 1958 (am. 1953); *Licht und Schatten*, Geschichten aus einem geteilten Land, 1960; *Lassalle*, Biographischer Roman, 1969; *Der König-David-Bericht*, Roman, 1972; *Fünf Tage im Juni*, Roman, 1974; *Collin*, Roman, 1979; *Ahasver*, Roman, 1981; *Schwarzenberg*, Roman, 1983;

George F. Kennan, 1904 in Milwaukee geboren, studierte von 1928 bis 1931 russische Sprache und Literatur, Geschichte und politische Theorie in Berlin. Von 1931–1963 war er im diplomatischen Dienst der USA, unterbrochen durch Lehrtätigkeit am Institute for Advanced Studies in Princeton, wo er auch heute wieder lehrt, am Balliol College in Oxford und an der Universität von Chicago.

Höchste internationale Auszeichnungen. 1982 Friedenspreis des Deutschen Buchhandels.

Werke
Amerikas Außenpolitik 1900–1950 und ihre Stellung zur Sowjet-Macht, 1952; *Rußland, der Westen und die Atomwaffe*, 1958; *Amerika und die Sowjetmacht*, 2 Bde., 1960; *Memoiren eines Diplomaten*, 1971; *Memoiren 1950–1963*, 1973; *Wolken der Gefahr. Aktuelle Probleme der amerikanischen Außenpolitik*, 1978; *Bismarcks europäisches System in der Auflösung*, 1981; *Im Schatten der Atombombe. Eine Analyse der amerikanisch-sowjetischen Beziehungen von 1947 bis heute*, 1982; *The Fateful Alliance*, 1984, deutsche Übersetzung in Vorbereitung.

Lew Kopelew, 1912 in Kiew geboren, arbeitete nach der Schule zunächst als Fabrikarbeiter, studierte dann Philosophie an der Universität Charkow. 1935–38 Deutschstudium am Fremdspracheninstitut in Moskau. 1938–41 Dozent am Moskauer Institut für Geschichte, Philosophie und Literatur. Meldete sich bei Kriegsausbruch freiwillig an die Front. Wurde vor Kriegsende 1945 wegen »Mitleid mit dem Feind« verurteilt und bis 1954 inhaftiert. Nach seiner Entlassung wissenschaftlicher Mitarbeiter am Institut für Kunstgeschichte in Moskau. 1981 während eines Studienaufenthalts in der Bundesrepublik von den Sowjetbehörden ausgebürgert. Lebt seitdem in der Bundesrepublik.

Friedrich-Gundolf-Preis; 1981 Ehrendoktorwürde der Universität Köln; 1981 Friedenspreis des Deutschen Buchhandels.

Werke
Aufbewahren für alle Zeit!, 1975; *Und schuf mir einen Götzen*, 1979; *Tröste meine Trauer*, 1981.

Sadako Kurihara, 1913 in Hiroshima geboren, gehörte mit ihrem Mann Tadakazu Kurihara bis in die Mitte der 30er Jahre zu den engagierten »Proletariern«. Ihre frühen Gedichte weisen sie als konsequente Pazifistin aus.
Beim Abwurf der ersten Atombombe über Hiroshima befand sich Sadako Kurihara etwa vier Kilometer vom Explosionszentrum entfernt, so daß sie anders als die meisten schwerer betroffenen Hiroshima-Schriftsteller bis heute überlebt hat.

Werke
Das schwarze Ei, Gedichte, 1946; *Ich bezeuge Hiroshima*, Gedichte, 1968; *Zukunftslandschaft Hiroshima*, Gedichte, 1974; *Wenn wir sagen: Hiroshima*, Gedichte, 1976; *Von hier aus beginnt die Zukunft*, Gedichte, 1979; *Märchen im Kernwaffenzeitalter*, Gedichte, 1982; *Leben im Kernwaffenzeitalter*, Essays 1982.

Alan Sillitoe, 1928 in Nottingham geboren, stammt aus einer Arbeiterfamilie, war Fabrikarbeiter und Funker bei der Royal Air Force. Er ist Autodidakt, beginnt Ende der vierziger Jahre zu schreiben und als freier Schriftsteller zu leben.

1960 Hawthornden Preis

Werke
Samstagnacht und Sonntagmorgen, Roman, 1961 – Originalausgabe 1958; *Die Einsamkeit des Langstreckenläufers*, Erzählungen, 1967 – Originalausgabe 1959; *Die Lumpensammlerstochter*, Erzählungen, 1981 – Originalausgabe 1963; *Der Tod des William Posters*, Roman, 1982 – Originalausgabe 1965; *Der brennende Baum*, Roman, 1982 – Originalausgabe 1965; *Ein Start ins Leben*, Roman, 1978 – Originalausgabe 1970; *Die Flamme des Lebens*, Roman, 1982 – Originalausgabe 1974; *Der Sohn des Witwers*, Roman, 1981 – Originalausgabe 1977; *Der Mann, der Geschichten erzählte*, Roman, 1983 – Originalausgabe 1979; weitere Erzählungsbände, Gedichte, Theaterstücke.

Dieter Wellershoff, 1925 in Neuss geboren, besuchte in Grevenbroich das Gymnasium, wurde 1943 zum Militärdienst eingezogen und anschließend Soldat; kam in Gefangenschaft. Nach dem Krieg Abitur für Kriegsteilnehmer, Studium der Germanistik, Psychologie und Kunstgeschichte; Promotion. Arbeitete als Redakteur, von 1959–1981 als Verlagslektor. Lebt jetzt als freier Schriftsteller in Köln.

1960 Hörspielpreis der Kriegsblinden, 1962 Förderpreis des Landes Nordrhein-Westfalen, 1969 Kritikerpreis für Literatur.

Werke
Gottfried Benn – Phänotyp dieser Stunde, 1959; *Der Gleichgültige. Versuche über Hemingway, Camus, Benn und Beckett*, Essays, 1963; *Ein schöner Tag*, Roman, 1966; *Literatur und Veränderung*, Essays 1969; *Die Schattengrenze*, Roman, 1969; *Das Schreien der Katze im Sack*, Hörspiele 1970; *Einladung an alle*, Roman, 1972;

Literatur und Lustprinzip, Essays, 1973; *Doppelt belichtetes Seestück und andere Texte*, 1974; *Die Auflösung des Kunstbegriffs*, Essay, 1977; *Die Schönheit des Schimpansen*, Roman, 1977; *Glücksucher*, Vier Drehbücher und begleitende Texte, 1979; *Die Sirene*, Novelle, 1980; *Das Verschwinden im Bild*, Literaturtheoretische Aufsätze, 1980; *Der Sieger nimmt alles*, Roman, 1983; *Die Arbeit des Lebens*, Autobiographische Texte, 1985. Ferner Hörspiele, Fernsehspiele, Beiträge zu Anthologien, Herausgabe von Anthologien.

Ryszard Kapuściński, 1932 in Ostpolen geboren, studierte Geschichte in Warschau. Er arbeitete zunächst als Journalist in Polen, dann für die Polnische Presseagentur als Auslandskorrespondent, Kapuściński lebt jetzt in Warschau.

Werke
König der Könige. Eine Parabel der Macht, 1984; *Shah of Shahs*, 1985 – deutsche Übersetzung in Vorbereitung.